身になる練習法

ハンドボール
法政二高式 総合力アップドリル

著 **阿部直人** 法政大学第二高校ハンドボール部監督

INTRODUCTION
はじめに

　20代半ばから法政二高で監督になり、日本一を目指して戦う中で、「もっと理詰めにやったほうがいいよね」と思う場面がいくつもありました。自分の指導もそうだし、全国大会に出てくる強豪校の試合を観ていてもそうです。高校生が雰囲気だけで「なんとなく」やり過ごしている部分を、もっと理詰めに徹底すれば、日本のハンドボールもレベルアップするのではないか、と思っていました。

　理詰めで考えていくと、これまで常識とされていた教えの中に「これは違うんじゃないかな？」と思える部分が出てきました。もちろん古くからの教えは大事ですし、本質をとらえたものも沢山あります。でも、ルールも変わって、ハンドボールそのものが昔とは違ってきました。海外の映像も自由に見られる時代になりました。世界のトップの試合を観ると、日本の常識とは違ったセオリーが主流になっていたりします。「日本人は体が小さいから」などと言い訳をせずに、理詰めで考えていくことで、今の時代に合ったハンドボールが教えられるのではないかと思います。

　練習から理詰めに追求する一方で、理屈を超越した強さも重視してきたつもりです。過去に強かった代には必ずと言っていいほど、理屈を超越したプレーで流れを呼び込んでくれる選手がいました。驚異的な運動量で守ったり、ありえないタイミングでルーズボールを奪い取った

り、理屈を超えたプレーはディフェンスのほうが多いかもしれません。全員の足が動いて活気あふれる状態になれば、仲間同士が自然と響き合い、ミラクルなプレーもどんどん出てきます。私はこういう状態を「ALIVE」と呼んでいます。

　全員が生き生きと動ける環境をつくるのが、監督の仕事かもしれません。昔は「理不尽な試合に勝つには、理不尽が必要だ」と、選手を追い込んでいました。しかし大事な試合でなかなか勝てず、優勝を逃してばかりでした。ところが理不尽な叱り方をやめたとたんに、勝てるようになりました。後半残り10分で7点差をつけられて「さすがに厳しいかな」と思っていたら、大逆転したり…。理不尽をやめたら、理不尽な試合に勝てました。このあたりの因果関係はとても不思議です。

　とことん理詰めで準備して、でも最後は「理屈じゃないだろ」と言い切れる。そんな強さが勝負の世界では必要ですし、そこを求めてやってきました。本書では理詰めでやってきた部分と、理屈を超越するための下地づくりを紹介しています。選手が自分たちで考えて、自分たちの力で逆境を乗り越える——そんなチームづくりの一助になれば幸いです。

法政大学第二高校　ハンドボール部監督

阿部直人

CONTENTS
目次

- 2 ── はじめに
- 8 ── 本書の使い方

第1章 攻撃の基本技術

- 10 ── Menu001 腕をしならせる投げ方
- 12 ── Menu002 いろいろな角度から投げる
- 14 ── Menu003 後ろ向きで投げる
- 16 ── Menu004 三角パス①
- 18 ── Menu005 三角パス②
- 20 ── Menu006 バックプレーヤー3人のパス練習①
- 22 ── Menu007 バックプレーヤー3人のパス練習②
- 24 ── Menu008 5人でのパス練習
- 26 ── Menu009 壁当て片手キャッチ
- 28 ── Menu010 ポストパス片手キャッチ
- 30 ── Menu011 ドリブルの前後で使える歩数
- 32 ── Menu012 ドリブル突破
- 34 ── 阿部直人の法政二高流ゲームマネジメント術「トータルで勝負する」

第2章 シュートの駆け引き

- 38 ── Menu013 7mスローラインに向かって跳ぶサイドシュート
- 40 ── Menu014 GKに近づくように跳ぶサイドシュート
- 42 ── Menu015 近めに打つ
- 44 ── Menu016 コーナーからのループシュート
- 46 ── Menu017 サイドライン沿いからのループシュート
- 48 ── Menu018 GKの足を上げさせる
- 50 ── Menu019 あえてゴールの外に跳んでみる
- 52 ── Menu020 DFの裏に入って腕を横から振る
- 54 ── Menu021 前の肩を入れて流しに打つ

55	Menu022	前の肩を入れて引っ張りに打つ
56	Menu023	正対して流しに打つ
57	Menu024	正対して引っ張りに打つ
58	Menu025	手だけ出して引っ張りに打つ
59	Menu026	体ごと引っ張りに倒して流しに打つ
60	Menu027	顔を引っ張りに出して手だけ流しに出して打つ
61	Menu028	顔を流しに出してから切り返す
62	Menu029	距離を取ってＤＦとかぶる
64	Menu030	ＧＫの股下をねらう
65	Menu031	ヒジを下げて上をねらう
66	Menu032	前の肩を入れて開いてから流しをねらう
67	Menu033	足元のボール１個分外をねらう
68	Menu034	ゴールポストの下から４個目の「赤い印」をねらう

第3章 セットオフェンス

70	Menu035	「0歩目」からのフェイント
71	Menu036	サイドステップでずれて切り返す
72	Menu037	クロスステップでずれて切り返す
73	Menu038	スイングフェイント
74	Menu039	ＤＦが寄ればパラレル（平行）
76	Menu040	ＤＦが寄らなければクロス
78	Menu041	バックプレーヤーの３対３①
80	Menu041	バックプレーヤーの３対３②
82	Menu043	バックプレーヤーの３対３③
84	Menu044	バックプレーヤーの３対３④
86	Menu045	バックとサイドの２対1.5
92	Menu046	横の３対２でずらす①
94	Menu047	横の３対２でずらす②
96	Menu048	センターとポストの２対２①
97	Menu049	センターとポストの２対２②
98	Menu050	センターとポストの２対２③
99	Menu051	センターとポストの２対２④
100	Menu052	センターとポストの２対２⑤
101	Menu053	センターとポストの２対２⑥
102	Menu054	ポストを絡めた４対４①
103	Menu055	ポストを絡めた４対４②
104	Menu056	ポストを絡めた４対４③

第4章 速攻

- 106 ── Menu057　リバウンドの約束事の整理
- 108 ── Menu058　速攻での走り方
- 110 ── Menu059　3対2の速攻練習
- 112 ── Menu060　4対4の速攻練習
- 114 ── Menu061　6対6の速攻練習
- 116 ── 阿部直人の法政二高流ゲームマネジメント術「苦しいときの心構え」

第5章 ゴールキーパー

- 120 ── Menu062　サイドシュートを捕る
- 124 ── Menu063　ポストシュートを捕る
- 128 ── Menu064　ロングシュートを捕る
- 132 ── Menu065　GKのスローイング練習
- 133 ── Menu066　GKノック
- 134 ── Menu067　ボールを使った足上げ練習
- 135 ── Menu068　ゴールポストにタッチ
- 136 ── Menu069　2人一組のGK練習

第6章 ディフェンス

- 138 ── Menu070　ステップワーク10種類
- 143 ── Menu071　1対1を止める
- 144 ── Menu072　1人で2人を守る
- 146 ── Menu073　クロスアタック
- 148 ── Menu074　2枚目DFが前に出てから戻る
- 150 ── Menu075　2枚目DFがゾーンの外まで追いかける
- 151 ── Menu076　2枚目DFがセンターへクロスアタック
- 152 ── Menu077　チェンジで真ん中の2対2を守る
- 154 ── Menu078　1人で2人を守り、時間を稼ぐ
- 156 ── Menu079　戻りの3対3
- 157 ── Menu080　戻りの6対6
- 158 ── 阿部直人の法政二高流ゲームマネジメント術「映像を活用する」

第7章 トレーニング

- 162 —— Menu081　縄トレ
- 164 —— Menu082　メディシンボール
- 166 —— Menu083　下半身トレーニング

第8章 練習計画の立て方

- 168 —— ほぼ毎月やってくる公式戦
  実戦をベースに組み立てる

- 172 —— おわりに
- 174 —— 著者＆チーム紹介

本書の使い方

本書では、写真やアイコンなどを用いて、一つひとつのメニューを具体的に、よりわかりやすく説明しています。写真や"やり方"を見るだけでもすぐに練習を始められますが、この練習はなぜ必要なのか？ どこに注意すればいいのかを理解して取り組むことで、より効果的なトレーニングにすることができます。普段の練習に取り入れて、上達に役立ててみてください。

▶ **主にねらう能力が一目瞭然**

練習の難易度や、その練習がどの能力の強化をねらったものかを具体的に紹介。自分に適したメニューを見つけて練習に取り組んでみましょう。

▶ **なぜこの練習が必要か？**

この練習がなぜ必要なのか？ 実戦にどう生きてくるかを解説。また練習を行う際のポイントも示しています。

図の見方

オフェンス選手

ボールの動き

ディフェンス選手

ゴールキーパー

人の動き

そのほかのアイコンの見方

練習を行う際の注意点や、NG例などを示しています

掲載した練習法をより効果的に行うためのアドバイスです

練習にまつわるエピソードなどを紹介します

第1章
攻撃の基本技術

ハンドボールは本来、ボールを持っている攻撃側が有利なスポーツ。ミスなく正確にボールをつなぐことができたら、必ずシュートまで持ち込める。攻撃をシュートで完結させるために、パスをつなぐ基本技術を磨いていこう。

投げ方

腕がしなるフォームづくり①

ねらい

Menu 001 腕をしならせる投げ方

≫主にねらう能力

(レーダーチャート: ボールハンディング、判断力、フットワーク、フィジカル、身のこなし)

難易度 ★★☆☆☆

やり方

2人一組でキャッチボールする。このときに腕のしなりを意識して、利き腕を柔らかく使う。多少ボールが乱れてもいいから、腕のしなりを優先させること。近い距離から始めて、少しずつ距離を伸ばしていく。

? なぜ必要？

しなやかなシュートを打つために

昔の教えでは、テークバックでヒジを伸ばして、そのまま腕を伸ばして投げるのをよしとしていた。しかしその投げ方だと腕の振りが遅くなり、ゴールキーパー（GK）から見えやすいシュートになってしまう。ヨーロッパの選手は野球のピッチャーのようにヒジをしならせて投げるので、速いボールを投げられる。

! ポイント

ヒジから先を柔らかく使う

腕をしならせるコツは、指先に力を入れないこと。末端に力が入ると、動きが固くなる。5本指の力を抜いて、ボールを指の間にはめるぐらいの感覚で軽く握ること。ヒジから先を、カウボーイがやる投げ縄のようにグルグル回すイメージで回すと、肩、ヒジ、手首、指先と順序よく使える。

横から

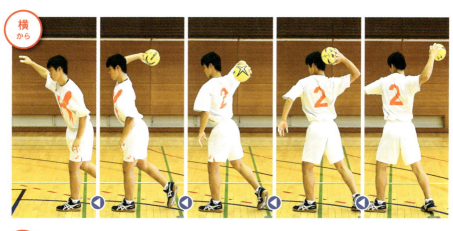

正面から

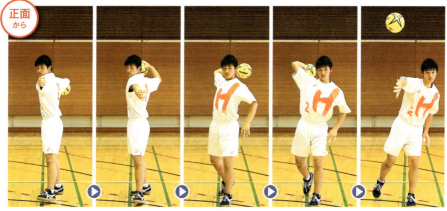

❌ ここに注意！

ヒジがしならない投げ方

一見正しそうだが、ヒジがしなる投げ方と比べると、明らかに違う。コントロールしやすい投げ方だが、腕の振りが遅くなり、ボールも遅くなってしまう。速いパスを出すためにも、しなりを重視してほしい。ヒジがしならないと、GKからボールが見えやすくなり、タイミングが合ってしまう。

📄 Extra

球持ちが長くなると

「腕がしなる＝球持ちが長くなる」ので、これまでよりも長くGKを見て、シュートを打てるようになる。GKが待ちきれずに早動きしたら、反対側に打てば楽にシュートが決まる。ゴールの四隅ギリギリをねらい過ぎるより、GKのいない側をねらう感覚を覚えたほうが、シュートミスも少なくなる。

投げ方

腕がしなるフォームづくり②

ねらい

Menu 002 いろいろな角度から投げる

≫主にねらう能力

ボールハンドリング／判断力／フットワーク／フィジカル／身のこなし

難易度 ★★★☆☆

やり方

2人一組でキャッチボール。ヒジがしなる投げ方で、横や下からも投げてみる。

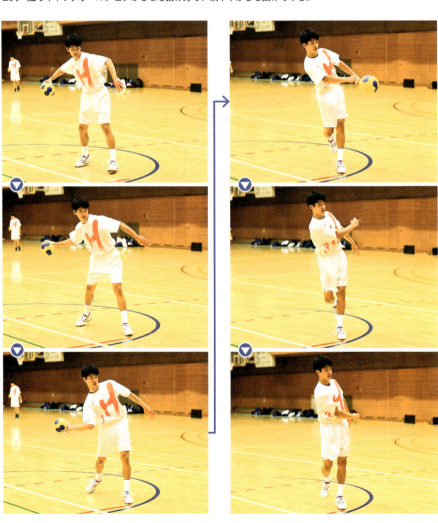

12

なぜ必要？

プレーの幅を広げる

試合になると、上から投げられない場面が沢山ある。横や下などいろいろな角度から投げられるようになれば、プレーの幅が広がる。ディフェンダー（DF）の陰に隠れて下から打つステップシュートや、手を上げさせておいて横から打つシュートなど「隙あらば打つ」ためのバリエーションを、練習から増やしておこう。

ワンポイントアドバイス

基本にとらわれすぎないで

子どもに「基本通りに投げろ」と叱ると逆効果。身体の機能を開発するためにも、小さいときほどいろいろな投げ方を遊び感覚で行うほうがいい。また子どもには1号球でも大きすぎるので、野球やテニスのボールを使って、ボールを握る感覚を身につけさせるのも、ひとつの方法。握る感覚があるとヒジもしなりやすくなる。

Extra

サッカーのスローイン

ヒジをしならせて投げるのが難しい人は、向き合って両手でキャッチボールから始める。サッカーのスローインのように、頭の上にボールを持っていくと、自然とヒジが先に出てくる。そこから両手で内ひねりをかければ、ボールはまっすぐ遠くへ飛んでいく。これを片手ですれば、ヒジがしなる投げ方になる。

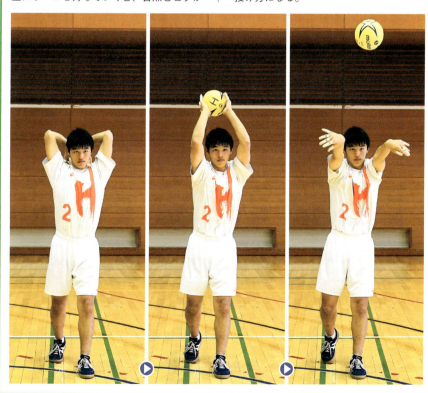

投げ方

腕がしなるフォームづくり③

ねらい

Menu 003 後ろ向きで投げる

> 主にねらう能力

難易度 ★★☆☆☆

やり方
2人一組でキャッチボール。ただし投げる人は背中を向けて、ヒジから先を柔らかく使って相手に投げる。ここでもコントロールはあまり気にしなくていい。上腕の力を抜いて、手首を背屈させながら、まっすぐ投げる。

? なぜ必要？

しなやかな腕の動きを身につける

　ヒジから先のしなやかさを身につけるため、背中側から投げてみるのも効果がある。また指先でボールを切る感覚を養う意味合いもある。いい投げ方とは、肩、ヒジ、手首、指先が順序よく使われる投げ方で、ボールの回転もきれい。中指からきれいにボールが離れていけば、まっすぐ相手に届くようになる。

ワンポイントアドバイス

ヒジがしなる形を一度つくる

　いきなり背面に投げようとしてもうまくいかない。前に投げるときのヒジが前に出ている形をつくって、そこから何回か上腕を柔らかく振ってから投げると、後ろに投げやすい。上腕の力を抜いてやる予備動作が、ヒジがしなる投げ方につながる。

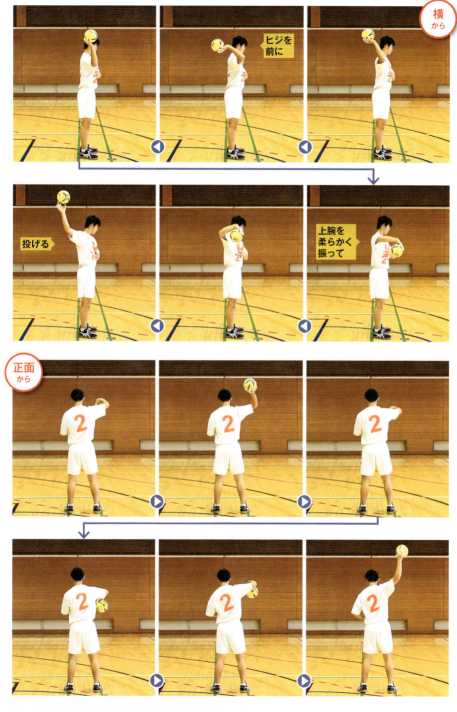

パス

パスした後のバックステップを習慣づける

ねらい

Menu **004** 三角パス①

≫主にねらう能力
- ボールハンドリング
- 判断力
- フットワーク
- フィジカル
- 身のこなし

難易度 ★★★☆☆

やり方

1. 正三角形をつくり、それぞれの頂点にコーンを置く。距離は投げられる能力に応じて変える。
2. 三角形の中心に向かって走り込みながら、パスをもらう。
3. 前をねらった姿勢を保ちつつ、隣へパスを出す。
4. パスを出したら、バックステップで元の位置に戻る。
5. パスの方向は時計回りと反時計回り、両方でやる。

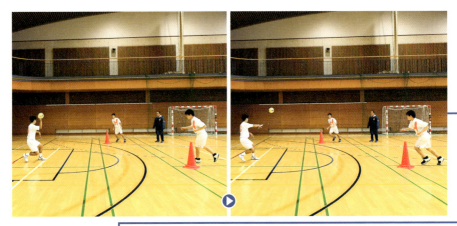

❓ なぜ必要？

パス&ゴーの習慣づけ

パスをした後に立ち止まると、攻撃の流れが止まってしまう。パスの後はすみやかに次の場所に移動して、味方の攻撃を助ける習慣をつけておきたい。ここでは元の場所に戻っているが、パスをもらった選手のスペースを広げるために離れたり、ライン際に切ったり、パスの後の動きだけでも十分アシストになる。

👆 ワンポイントアドバイス

三角形の中心を ゴールに見立てて行う

パスを出すときに、初めからパスねらいで横を向いていると、DFが寄ってこない。前をねらったシューティングアタックからパスを出すことで、味方に広いスペースをつくれる。<mark>この練習では三角形の中心をゴールに見立てて、前の肩を入れながら半身の状態でパスを出すイメージを持っておきたい。</mark>

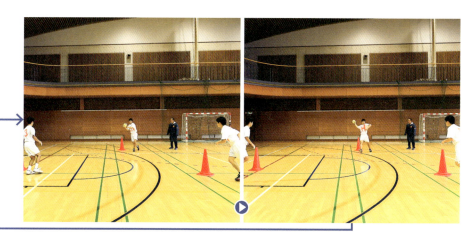

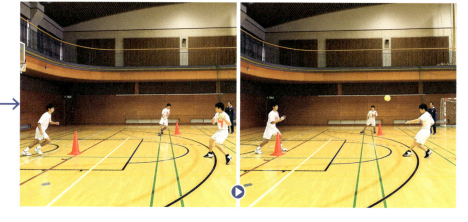

パス
バックステップに
バリエーションをつける

Menu **005** 三角パス②

>> 主にねらう能力

難易度 ★★★☆☆

やり方

1. 正三角形をつくって、頂点にコーンを置いて、その後ろにもコーンを置く。距離は投げられる能力に応じて。
2. 後ろのコーンから走り込んで、前のコーンの手前でボールをもらう。
3. 前をねらいながら、隣にパスを出す。
4. パスを出したら、バックステップで戻る。2つのコーンを一周するように回って戻る。
5. 後ろのコーンを回ってU字に戻るバリエーションもある。
6. 8の字で戻るバリエーションもある。このときもパスから離れるようにコーンを回って、その後は8の字を描くように元の場所に戻る。
7. 時計回りと反時計回り、両方をやる。

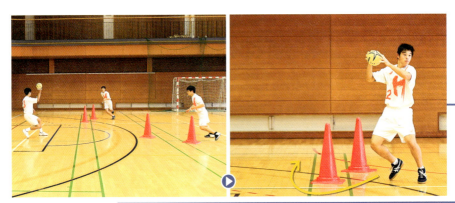

なぜ必要？

バックステップに変化をつける

バックステップの習慣づけに、フットワークの要素を足した練習。実際の試合では8の字でバックステップをすることはまずないが、前を見ながらいろいろなバックステップができれば、DFを見ながらいい位置取りができる。8の字で使うクロスステップは、大きく移動したり方向転換したいときに効果的なステップ。

ワンポイントアドバイス

DFとの間合い

離れた位置から勢いをつけてボールをもらうことは悪くないが、それだけをやろうとすると、攻撃がつながりにくくなる。相手の懐に入らない程度の近い距離でアタックラインを揃えたほうが、連動性のある攻撃が可能になる（P93参照）。バックステップは重要だが、離れすぎにも気をつけたい。

【U字】

【8の字】

パス

センターのパスの精度を磨く

ねらい

Menu **006** バックプレーヤー3人のパス練習①

≫主にねらう能力

難易度 ★★★☆☆

やり方

1. バックプレーヤーの3人はそれぞれに位置を取る。
2. センターがボールを持ってスタート。左バックと右バックはアウトにだけ動く。
3. センターはアウトにずれる右バックにパスを出す。
4. パスをセンターに戻して、反対側も同様に。
5. アウトに行く左バックにパスを出す。

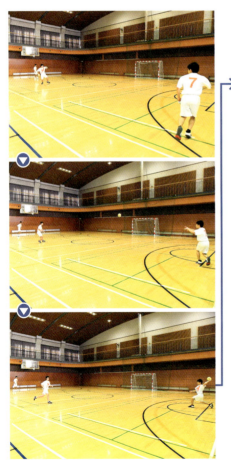
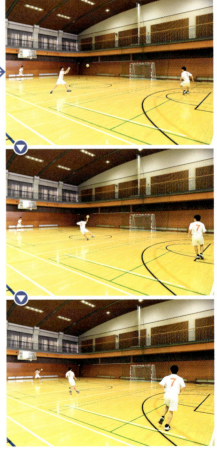

このメニューの動き方

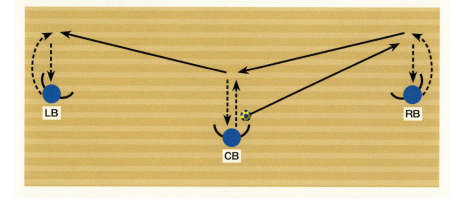

なぜ必要？

センターのパスの精度を上げる

両バックがインに行くときとアウトに行くときで、センターからのパスが違ってくる。ここではアウトだけに限定しているが、インだけにしてもいい。まずは行く方向がわかっている状態でパス練習をして、そこから実戦的な判断へとつなげていく。

ポイント

動きながらパスをもらう

センターのパス練習だけでなく、両バックにとっては「動きながらボールをもらう」練習にもなる。ボールをもらってから動いても、目の前の1対1を抜くことはできない。相手とずれた位置に動きながらボールをもらって、そこから相手の出方を見て抜く方向を判断する。1対1の基本を意識してやること。

 ワンポイントアドバイス

センターの位置取り

センターは右バックにパスを出したら、右バックに広いスペースをつくるため、右バックから離れながらバックステップする。右バックからのリターンパスをもらうときは、右バックに近づきながら。これは広くなったDFの間を攻める感覚で。間を攻めて、DFを寄せてから、左バックへ展開するイメージを持とう。

右バックにパス

離れながらバックステップ

パス

センターのパスの判断を磨く

Menu 007 バックプレーヤー3人のパス練習②

≫主にねらう能力

難易度 ★★★☆☆

やり方

1. バックプレーヤー3人は位置を取る。センターがボールを持って始まる。
2. 右バックはインに行くか、アウトに行くかをランダムに決める。右バックの動きに合わせて、センターがパスを調節する。
3. 右バックがセンターにパスを戻して、次は左バックへ展開する。
4. 左バックもインに行くか、アウトに行くかはランダムに。それに合わせて、センターがパスを出す。
5. 左バックからボールが戻ったら、また最初から。

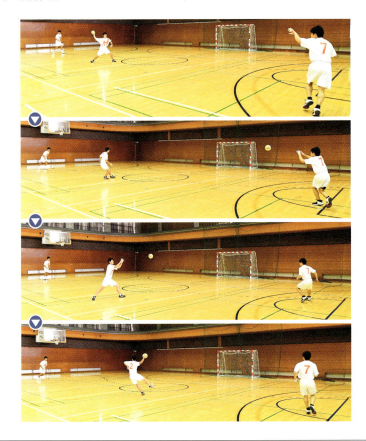

このメニューの動き方

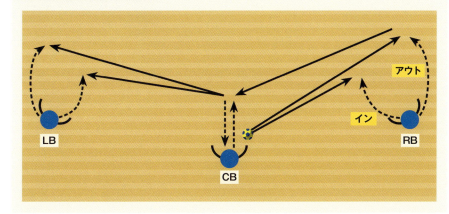

❓ なぜ必要？

隣の動きに合わせてパスを出す

両バックがインに行くか、アウトに行くかは、試合の状況によって変化する。ここでは相手のDFがいないので、両バックの判断はランダムになるが、センターは両バックの動きを見て、パスの長さや強さを判断する。<mark>走り込んでくる空間に、味方のスピードを落とさないようなパスを強く、正確に投げる練習。</mark>

📝 Extra

DFを入れて3対3でやると

DFを3人入れて練習すると、難易度が上がる。両バックはランダムに動くのではなく、DFとボールをもらう前に1対1の駆け引きをして、インに行くか、アウトに行くかを判断する。その動きに合わせてセンターがパスを出せば、より実戦的な練習になる。

パス

バックプレーヤーの動きを合わせる

Menu 008 5人でのパス練習

≫主にねらう能力

難易度 ★★★★☆

やり方

1. センター（A）、バックプレーヤー（B）、両サイド（C）の5人が位置を取る。センターからボールを回し始める。
2. 両バックの動きに合わせて、センターが動く。
3. パラレルなら、DFの間を攻めて、DFを寄せるイメージで行う。
4. クロスなら、DFが寄ってこなかった場合をイメージしながら、反対側に数的優位をつくる。クロスの後はポジションを変えて、位置を取り直す。

? なぜ必要?

実戦に即したパス練習

ただパスを回すのではなく、実際のポジションで起こりうるプレーを想定してのパス練習。後で詳しく説明するように（P74～77参照）、DFが寄ってきたらパラレル、寄らなければクロスで攻めるのを共通理解にすれば、的確な攻撃ができる。DFなしの練習だが、そこまでイメージしながら動きを合わせたい。

⚠ ポイント
両バックは、サイドとクロスしてもいい

実戦で起こりうるシチュエーションを想定してやってみよう。そのなかで、両バックとサイドがクロスする動きもあり。

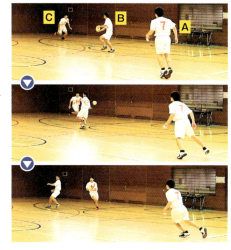

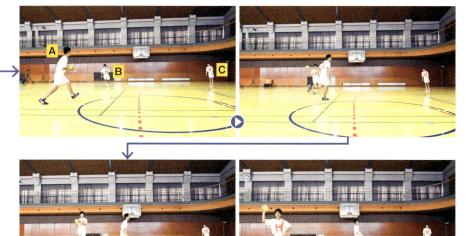

 Extra

センターは振り戻しのパスも

高校生レベルでは、ほとんどのセンターが、右からきたパスを左へ流してしまいがち（逆も同様）。考えなしにパスを流していたら、DFに読まれてしまう。そこで練習から、右からきたパスを、左に流さずに右に振り戻すパスを意識してほしい。「ボールが向こうに行った」と油断しているDFの隙を見逃さないように。

キャッチ

ねらい 片手キャッチを左右両方でできるようにする

Menu **009** 壁当て片手キャッチ

» 主にねらう能力
ボールハンディング／判断力／フットワーク／フィジカル／身のこなし

難易度 ★★☆☆☆

やり方

1. 壁に向かって構える。右手にボールを持つ。
2. ボールを右手で壁に投げて、跳ね返ってきたものを左手でキャッチする。反対側も同様に行う。

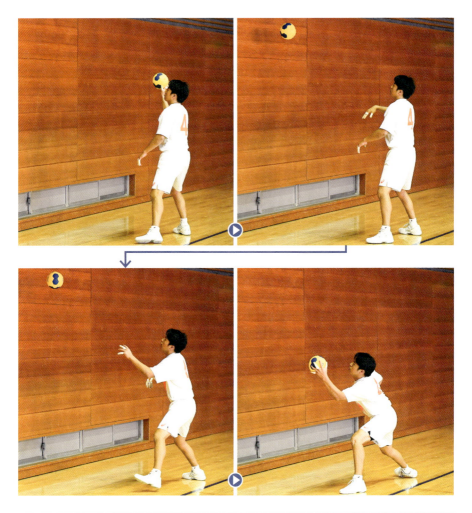

なぜ必要？
ポスト以外でも必要な片手キャッチ

ポストパスを捕る以外にも、片手キャッチはいろいろな場面で役に立つ。速攻で相手と競った場面で、空中のパスを片手キャッチ。サイドへのパスが少々乱れても、片手キャッチからサイドシュートに持ち込む。ポストだけに限らず、すべてのポジションの選手が身につけておきたい技術になっている。

ワンポイントアドバイス
ボールを前につかみにいく

片手キャッチをするときは、ボールを前につかみにいくと、捕球しやすくなる。ボールの勢いを殺そうとして、引きながら捕ると、かえってうまくいかない。手を前に出して、文字通り「わしづかみ」する感覚で捕ると、パスとのタイミングも合わせやすい。

Level UP!
背後の補助者に投げてもらう

跳ね返ってきたボールを片手キャッチする。途中までボールが見えないので、難易度が上がる。

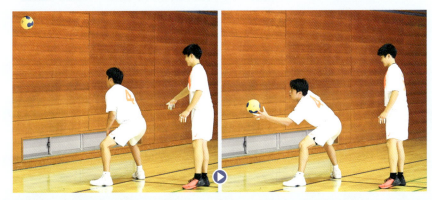

DFをつけてやってみる

ポストに特化した練習では、DFを1人つけて、背後からボールを投げてもらう。片方の手でDFを抑えて、もう片方の手で片手キャッチする。

キャッチ

相手と競りながら片手キャッチする

Menu 010 ポストパス片手キャッチ

≫主にねらう能力

難易度 ★★★☆☆

やり方

1. ポストはライン際で位置を取る。パサーは2人で、DFが1枚つく。
2. DFはポストだけを守る。ポストを守る鉄則通り、前にかぶってパスカットをねらう。
3. ポストは相手から邪魔されていない側の片手でボールをキャッチする。
4. パサー同士でパス交換して、DFを揺さぶる。

なぜ必要？

相手と競った場面での片手キャッチ

ポストはDFに絡まれた状態でもパスをキャッチしないといけない。キャッチすれば、最悪でもフリースローで仕切り直し。うまくいけばシュートが入って、DFを退場に追い込むこともできる。==ボールを奪われないように、片手で相手をガードして、相手反対側の手でボールをキャッチする習慣をつけておきたい。==

ワンポイントアドバイス

1対1でポストを守る練習

DF役の選手にとっては、1対1でポストを守る練習になる。ポストの背後にいたら、簡単にポストパスを通されてしまう。DFは機動力を使ってポストの前に移動し、ポストパスをカットしよう。体の大きいポストに対しても、読みとフットワークで、ポストパスを封じたい。

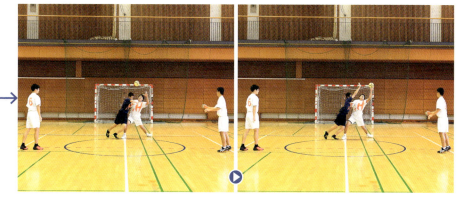

ドリブル
より効果的なドリブルの使い方を覚える
ねらい

Menu 011 ドリブルの前後で使える歩数

≫主にねらう能力
ボールハンドリング／判断力／フットワーク／フィジカル／身のこなし

難易度 ★★★☆☆

やり方

補助者からのパスを空中で受けて、まず3歩ダッシュ（着地足を含めたら4歩）。相手を引き離すことをイメージしてから、ドリブルに切り替え、ドリブルしたボールを空中でキャッチして、そこから3歩走る。

ポイント
ジャンプフェイントも同じ理屈

ジャンプフェイントも「3歩＋ドリブル＋3歩」を最大限に活用している。パスをもらって3歩以内で打つふりをして、DFを飛ばせてからワンドリブルをついた後、3歩で切れ込む。歩きすぎのように見えるが、間にドリブルを挟んでいるから、ルール上は問題ない。

Extra
ボールは人よりも速い

ドリブルも効果的に使えば役に立つが、やはりパスのほうが速い。速攻で下手にドリブルにこだわるよりは、パスをつないで走ったほうが効率がいい。サッカーでも昔から「ボールは人よりも速い」という格言があるように、パスをつなぐのがハンドボールでも基本である。

なぜ必要？
ルールをうまく活用する

ボールを奪って、速攻に転じるときに、いきなりドリブルをつくのはよくない。3歩ダッシュで相手を引き離し、ドリブルが終わってからも、3歩使えるのがハンドボール特有のルール。ルールがあやふやだから「とりあえず最初からドリブルしておけば、いいだろう」というのはもったいない。ルール上ではドリブルの前後に3歩ずつ認められている。練習でも「3歩ダッシュ」があるのは、ドリブルの前の3歩で相手を抜き去るため。最初からドリブルだと、相手にすぐ追いつかれてしまう。3歩＋ドリブル＋3歩で、実質6歩使えることを、体で覚えておく。

ドリブル

狭いスペースでも
ドリブルで抜ける

ねらい

Menu **012** ドリブル突破

》主にねらう能力

（レーダーチャート：ボールハンドリング、判断力、フットワーク、フィジカル、身のこなし）

難易度 ★★★★☆

やり方

1. 2人のDFは、それぞれに手を伸ばして、間に人が1人通れるぐらいの距離で立つ。DFは1歩だけ踏み出していい。
2. ドリブラーがはみ出ないよう、コーンで外の部分も制限する。こちらもDFが手を伸ばして、ギリギリ届かない距離に。
3. ドリブラーは真ん中か両端の3つのうち、どこかを通過して抜ければ勝ち。
4. 守られたら、やり直し。何回ずつかで、役割を変える。

？ なぜ必要？

ルールで使える技術は使う

　ドリブルはルールで認められた技術。ハンドボールでは「ドリブルはつくな」と言われがちだが、使えるものは使ったほうがいい。狭いスペースを高速ドリブルで抜ければ、速攻やセットオフェンスで大きな武器になる。空気の抜けた柔らかいボールでもドリブルできるよう、普段から練習しておく。

✕ ここに注意！

ドリブルが嫌がられる理由

　ドリブルをすると、味方が連動しにくくなると言われている。確かに次のプレーを考えるための「無意味なドリブル」はよくない。パスカットでボールを失うリスクも大きい。ただ、<mark>広いスペースでのドリブルは効果的だし、味方もそれに合わせて動きやすい。「味方が連動できるドリブル」</mark>を有効活用したい。

ワンポイントアドバイス

DFとずれた位置を取る

　1対1の大原則は、DFとずれた位置を取ること。これはドリブルでも同じ。DFの正面からずれることで、DFが寄る。DFが寄れば、反対側に広いスペースができるので、切り返す。寄ってこなければ、そのまま行けばいい。DFの陰を利用したシュートを打ちたいとき以外は、DFの正面に入らないよう意識する。

【中央を突破】　【両端を突破】

阿部直人の
法政二高流ゲームマネジメント術

トータルで勝負する

■後半に突き放すために

　流れに巻き込まれないよう、試合は60分トータルで考えてください。仮に出だしがよくなくても、少しずつ取り返して、最後に1点差でも勝ちこしていればいいのです。選手には「前半は同点ぐらいで十分だよ」と、よく言っています。最悪2～3点ビハインドぐらいでもOKだとも伝えています。

　前半は相手も元気だし、互角のスコアなら、後半に巻き返せます。後半の相手が疲れてきた時間帯に、自分たちの強みをぶつけていけば、逆転は十分可能です。だから試合前のコイントスで勝ったら、なるべく交代しにくい側を取ります。たとえば右バックを攻守で交代させるのであれば、前半はわざと右バックがベンチに遠い陣地（＝ベンチから見て右側）を取るのです。交代がスムーズにいかない前半でも互角なら、交代しやすい後半はもっと流れに乗れるはずです。

■途中出場の選手でギアを上げる

　後半に突き放すゲームプランには、途中出場で活躍してくれる選手が欠かせません。通常だと、うまい選手を上から7人選んでスタメンにしますが、あえて3番目ぐらいのいい選手をベンチスタートにして、代わりに8番目の選手をスタメンに入れたりもします。

　総合的に見るとやや劣るけど、一芸のある選手も、ベンチからの起爆

剤になるでしょう。高校三冠を達成した2017年にはオフェンス、ディフェンスそれぞれに、ベンチから出てきてチームに勢いをもたらす選手がいました。チーム全体にも、彼らがコートに入ると「ギアが上がる」イメージがありましたね。「あいつが入ったから、ここは守り勝つ時間帯だ」というように、意思統一の意味でもベンチメンバーの起用は効果がありました。

■ 途中出場で活躍する選手を育てる

途中出場で力を発揮する選手を育てるためには、入った選手がミスしても、絶対に怒らないよう心がけてください。ベンチからでてきて、いきなりミスをされたら、監督としては「何やってんだ！」と言いたくもなります。流れを変えるために投入したのに、余計流れが悪くなってしまったのですから。でも、そこで怒

られてしまうと、選手はチャレンジしなくなります。「ミスをしないように」と考えて、自分から何も仕掛けなければ、試合に出ている意味がありません。

だから途中出場した選手がミスしても「よくチャレンジしたな」と、自分から仕掛けていったことを褒めるようにしました。「こういう風にやれば、次はもっとよくなるぞ」というアドバイスも欠かしませんでした。そういうことを繰り返しているうちに、選手が自分でコツをつかんで、入ってすぐに結果を出せるようになりました。そういう選手を1人だけでなく、年間通して沢山育てていけば、選手層が厚くなります。

■ **自分たちの強みを最大限に生かす**

途中出場の選手のよさを引き出すもうひとつのポイントは、彼らの強みを相手の弱点にぶつけることです。試合が始まってしばらくすれば、相手のどこが弱いかが見えてきます。ディフェンスが苦手な選手がいたら、その選手を孤立させるような位置取りをして、そこに途中出場で攻撃力のある選手をぶつければ、セットオフェンスの確率も高まります。

相手のエースが守っているときに、途中出場の選手をぶつけるのは非常に効果的です。高校生レベルのエースは、どちらかと言うと守りにあまり意識が行っていません。しかも試合後半になると疲れも出てきます。そこに途中出場でフレッシュな状態の選手が出てきたら、なかなか守れないでしょう。手だけで行って、退場になる可能性もあります。

試合の途中からでも使える札を沢山用意して、効果的に使えるよう環境を整備しておくと、後半に強いチームになります。もちろん試合の入りも重要ですが、「必ず逆転できる」という精神的な落ち着きが、プレーにも好影響を及ぼすはずです。

第2章
シュートの駆け引き

いつも同じシュートを打っていると、相手も慣れてくる。
さまざまな変化をつけて、相手を翻弄しよう。
「GKがこう動いたら、このシュート」という自分なりの根拠を持てれば、
駆け引きにストーリーが生まれる。

サイドシュート

サイドシュートの確率を上げる

Menu **013** 7mスローラインに向かって跳ぶサイドシュート

≫主にねらう能力

難易度 ★★★☆☆

やり方
1. コーナーから7mスローラインの方向に踏み切り、角度を取り、シュートを打つ。
2. 角度を取るほどゴールが広く見えるので、遠めに打ちやすくなる。
3. GKがつられて動けば、近めをねらう。

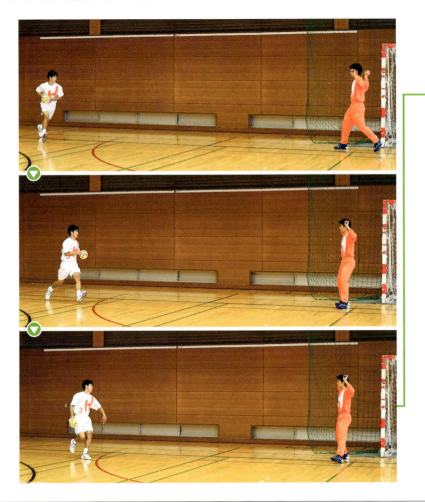

なぜ必要？ 基本とされる打ち方

サイドシュートの基本であり理想の打ち方。7mスローライン方向に跳ぶことで角度が取れるから、ゴールが広く感じられる。シューターの角度に合わせてGKも位置取りを変えないといけないので、GKは捕りにくい。しかし体力のない選手がやると、なかなかサイドシュートが決まらないのが実情であるので、練習して確率を高めていこう。

ポイント 上体は倒さず、まっすぐ跳ぶ

中に角度を取りたいからと言って、上体を倒してサイドシュートを打とうとすると、シュートがぶれやすいし、GKを見て打ち方を切りかえることができない。上体をまっすぐに保ち、真上に跳ぶことを意識したい。角度のない右利きの右サイドでも、まずは真上に跳んで、そこから横に倒れるイメージで。

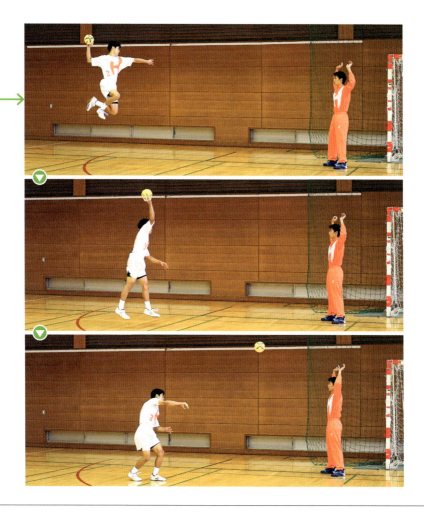

サイドシュート

サイドシュートの確率をより高める

ねらい

Menu 014　GKに近づくように跳ぶサイドシュート

≫主にねらう能力

難易度 ★★★★☆

やり方

Menu013と同様に、コーナーの位置からスタートする。7mスローラインの方向ではなく、GKに近づいて踏み切り、シュートを打つ。

❓ なぜ必要？

同じ跳び方だけでは、GKも慣れる

基本は大事だが、いつも同じ方向に跳んでいると、GKの目が慣れてしまう。わざとGKに向かって跳んだり、反対にわざとGKから離れるように跳ぶなど、GKを惑わすのもひとつの駆け引き。いろいろな方向に跳ぶことで、シュートの幅を広げたい。

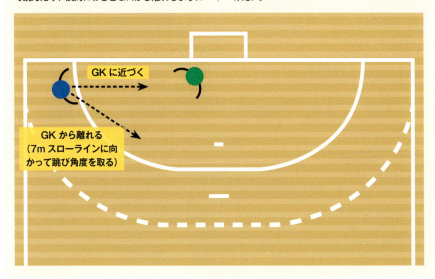

❗ ポイント

あえてGKに近づいて跳ぶ

通常のセオリーとは異なるシュートの打ち方ではあるが、サイドシュートが入らない選手は、GKに近づいて跳んでみるのもいい。角度を取らずに、あえてGKに近づき、踏み切りもGKに向かっていくようにしよう。Menu013の写真と比べ、着地の位置がかなりGK寄りになっているのがわかるはずだ。

👆 ワンポイントアドバイス

体力が足りない選手にもおすすめ

体力不足の選手には、GKに向かって跳ぶ打ち方がおすすめ。体力が足りないと、定石通り7mスローライン方向に跳んでも角度を取れないし、ゴールから遠くなってしまう。それよりはGKに向かって跳んで、サイドシュートが決まる喜びを覚えたほうが、今後につながる。もちろん継続的な体力強化も忘れずに。

サイドシュート

サイドシュートの
ねらい目を整理する①

Menu 015 近めに打つ

▶主にねらう能力

難易度 ★★★☆☆

やり方

GKと近めのバーの間をねらってシュートを打つ。

❓ なぜ必要?

近めは弱気のシュートじゃない!

昔の指導では「近めに打つのは弱気なシュート」と言われていたが、駆け引きには必要なシュート。ギリギリのところを通す勇気とシュートスピードが必要になる。近めのシュートが決まるから、GKは遠めに行きにくくなり、遠めのシュートも決まるようになる。

👆 ワンポイントアドバイス

ねらい目は体の近く

サイドシュートは、遠めの腰横をねらうのが基本。近めも腰横をねらう。なぜなら、手と足の両方が届きにくく、対応が遅れがちだからだ。体の近くに打てるコントロールがあれば、下手にゴールの四隅をねらうよりも決まりやすい。同様の理由で、顔の横や頭の上、軸足(上げていないほうの足)の横などもねらい目になる。

43

サイドシュート

サイドシュートの
ねらい目を整理する②

Menu 016 コーナーからの
ループシュート

≫主にねらう能力

難易度 ★★★★☆

やり方

1. 角に位置を取っていたサイドシューターが跳び込む。
2. GKが前に詰めてシュートコースを消してきたら、ループシュートをねらう。
3. 手だけで押し出さずに、全身の力を抜いて、ボールを浮かせる。

❓ なぜ必要?

左右のシュートコースを消されたときに

サイドシュートに対してGKが距離を詰めてきたら、左右に打ち分けるのは難しい。そういうときには、ループシュートをGKの上に浮かせて、後ろのスペースを利用するとよい。GKが前に出てきたという根拠がある中で打つループシュートであるなら、それは決して弱気なシュートではない。

👆 ワンポイントアドバイス

打ち方に正解はない

ループシュートの打ち方は人それぞれ。背骨の力を抜くようにしてボールの勢いを殺す人もいれば、ボールに外ひねりをかけながらヒジを抜いて、ふわりと浮かせる人もいる。海外には、突き上げた前腕を内ひねりさせながら打つ選手もいる。いろいろな動きを見て、自分に合う形を見つけてほしい。

また、ループの打ち方でひとつ言えるのは、ヒジの曲げ伸ばしだけで打っても、アーチが低くなってGKに捕られやすいということ。==腕の力だけでなく、腕のひねりや背中のバネを利用して、全身でボールの勢いを殺すようにすればGKを惑わすことができるし、高いアーチのループシュートになる。==

サイドシュート

サイドシュートのねらい目を整理する③

Menu **017** サイドライン沿いからのループシュート

≫主にねらう能力

難易度 ★★★★☆

やり方

1. サイドライン沿いからラウンドしてサイドシュートを打つ。GKが前に詰めてくることが多い。
2. GKが詰めてきたら、ループシュートに切りかえる。GKの頭を越せば、あとはゴールになる。

なぜ必要？

詰めてくるGKをかわす手段

サイドライン沿いから走り込んでくるサイドシュートに対して、GKも前に詰めてくることが多い。サイドシューターからするとゴールが広く感じられるので、GK側はできるだけシュートコースを消したいと考えて、前に出てくる。そこで裏のスペースが空いてくるので、ループシュートでGKをかわす。

ワンポイントアドバイス

最初からループありきでねらってみる

強打からループへの切りかえが苦手な選手は、最初からループをねらい、そこから強打に切りかえるのもひとつの方法。力を入れた状態から抜くのは難しいが、力を抜いた状態から入れるのは簡単だったりする。ループねらいで体の力を抜き、そこから力を入れて強打すれば、切りかえやすい。

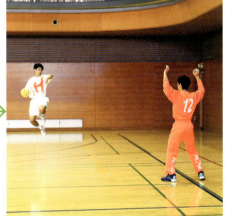

Extra

ワンマン速攻のときにも使えるシュート

同じような場面は、ワンマン速攻でも起こりうる。完全にノーマークだと、GKは一か八かで前に詰めてくる。ワンマン速攻だとスピードに乗っているので、そのまま勢いで打つと、GKに当ててしまう危険性が高い。そこでループシュートに切りかえられれば、GKの前に詰めてくる勢いを利用できる。

サイドシュート

サイドシュートの
ねらい目を整理する④

Menu **018** GKの足を上げさせる

≫主にねらう能力

難易度 ★★★★☆

やり方

1. サイドシューターはボールを上に持って、空中でGKを観察する。
2. GKが遠めに打ってくると予測して、左足を上げてきたら、上から打つと見せかけて、腕を下げてGKの股下をねらってシュートを打つ。

❓ なぜ必要？

上下の揺さぶりも必要

遠め、近めの「左右の揺さぶり」だけでなく、ループと股下の「上下の揺さぶり」があれば、GKとの駆け引きで優位に立てる。ここでのポイントは、GKの足を上げさせること。上から遠めに打ちそうな雰囲気を出して、GKの足を上げさせる。

❗ ポイント

上と見せかけて下

打つコースがなくなると、下に打ってしまうサイドシューターがたまにいる。そういう選手はGKの足を上げさせないまま下に打っている。GKの足を上げさせるには、ボールを上で持って、上から打ってきそうな雰囲気をつくること。股下をねらったシュートがゴールに入りやすいよう、逆スピンをかけるのもあり。

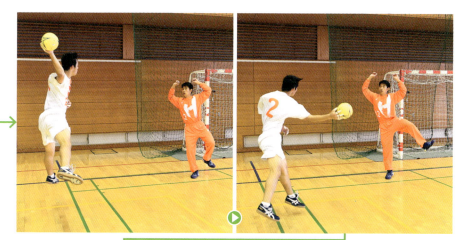

ポストシュート

ポストシュートの確率を上げる

ねらい

Menu 019　あえてゴールの外に跳んでみる

≫主にねらう能力

ボールハンドリング／判断力／フットワーク／フィジカル／身のこなし

難易度 ★★★☆☆

やり方

1. ポストプレーヤーと、DF、GK をゴール前に配置する。
2. ポストプレーヤーはパスを受け、自分とゴールの両端を結んだ三角形の外に跳びながらシュートを打つ。
3. 逆側からも行う。

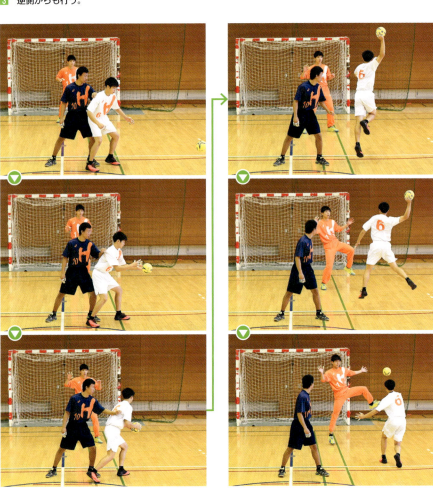

? なぜ必要?

GKとの位置関係をわざとずらす

　得点が欲しいときほど、シューターは無意識のうちにゴールに近づいてしまう。そうするとGKとの間合いも近くなりすぎてしまう。セオリー通り真上に跳んだとしても、GKが詰めてきたら、打てるコースが少なくなっている。そういうときは右や左に跳ぶことで、GKとずれながらシュートコースを確保する。

! ポイント　三角形を意識して跳ぶ

　ポストプレーヤーとゴールの両端を結んだ三角形の内側がシュートコース。しかしシュートコース内に跳んでしまうと、GKとの間合いが近くなりすぎることもあるので、ポストプレーヤーはわざと三角形の外に跳んで、GKとの位置をずらす。詰めてくるGKとの間合いが保てるし、シュートコースも確保できる。

このメニューの動き方

三角形の外側に跳ぶ

Extra
ずれながら跳ぶ技術

　ずれながら打つ技はポストシュートだけでなく、バックプレーヤーにも応用できる。もちろん真上に跳ぶのが基本だが、左右に少しずれることで、DFやGKとの間合いが保てる。DFから離れるように、少し後ろに跳ぶ技術もあると便利。真上に跳ぶのは基本でも、選択肢はいろいろあることを知っておきたい。また、左右両方できるようにしておく。

ポストシュート

DFに絡まれたときの対処法を身につける

ねらい

Menu 020 DFの裏に入って腕を横から振る

》主にねらう能力
ボールハンドリング／判断力／フットワーク／フィジカル／身のこなし

難易度 ★★★★☆

やり方

1. Menu019と同様にDFを1人置いた状態でポストシュートを行う。
2. Menu019とは反対に、DFの背後に潜り込む。最初から退場ねらいではなく、DFに絡まれても全力でシュートを打ち切る。

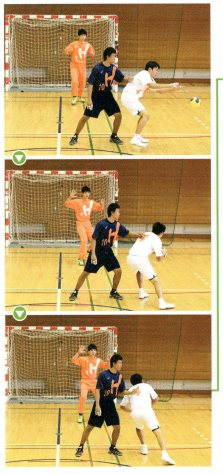
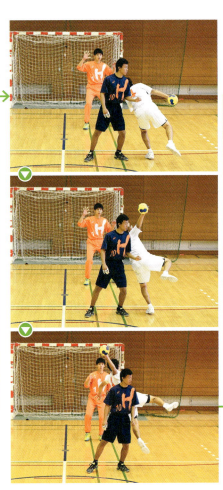

❓ なぜ必要？

退場つきの得点になるかもしれない

　DFとあえて絡むことで、相手を退場に追い込める可能性が高まる。退場つきの得点がベストだが、得点が認められなくても7mスローになりさえすれば十分。背後に潜り込めば、ポストシュートを打ちやすい状態がつくれる。

👆 ワンポイントアドバイス

ねらい目、駆け引きは、サイドシュートと同じ

　ポストシュートの駆け引きは、サイドシュートとほぼ同じ。GKが前に詰めてきたら、ループシュートでかわす。GKが面を大きくしようと足を上げてきたら、股下をねらう。GKの足を上げさせるには、上から打つ構えが必要。GKの足が上がったら、上から打つと見せかけて、下から股下に転がす。

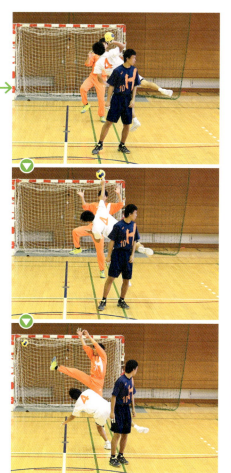

▲GKが前に詰めてきたら、ループシュート

▲GKが足を上げてきたら、股下をねらう

ジャンプシュート

ジャンプシュートを打ち分ける①

Menu 021 前の肩を入れて流しに打つ

》主にねらう能力

難易度 ★★★☆☆

やり方

ジャンプシュートで、前の肩（右利きなら左肩）を入れて跳び、空中で半身の体勢を保ったまま、流し（右腕側）にシュートを打つ。

❓ なぜ必要?

DFを寄せつける

バックプレーヤーは、GKやDFに対して「シュートをねらう怖さ」を常に植えつける必要がある。前の肩を入れた状態は、シュートを打つ可能性のある体勢。だから、それを見たDFが寄ってくる。DFが2枚寄ったら、そのままの体勢からパスを出せばいい。どこかに必ず数的優位ができている。

ジャンプシュート

ジャンプシュートを打ち分ける②

Menu **022** 前の肩を入れて引っ張りに打つ

▶主にねらう能力

難易度 ★★★★☆

やり方

ジャンプシュートで、前の肩（右利きなら左肩）を入れて跳び、体の開きが遅いから、流しが来ると思わせて、半身の体勢から右腕だけで引っ張り（左腕側）にシュートを打つ。

? なぜ必要?

GKは体の開きを見ている

シューターの体の開きが遅いと、流しに打ってくる可能性が高いと、GKは予測する。そこで肩を開かないまま、腕だけで引っ張りに打つと、GKの逆を突ける可能性が高い。ただしこの打ち方は肩に負担がかかるので、あまりおすすめできない。試合中の駆け引きでのアクセント程度にとめておいてほしい。

ジャンプシュート

ジャンプシュートを打ち分ける③

Menu 023 正対して流しに打つ

≫主にねらう能力

難易度 ★★★★☆

やり方

半身の体勢をつくって、ジャンプシュートに入る。早めに前の肩を開いて、GKと正対し、そのまま流し（右腕側）にシュートを打つ。

なぜ必要?

GKの裏をかくシュート

前の肩を開いて、GKと正対すると、引っ張りに打ちやすくなる。だからGKは引っ張りを意識する。そこでGKの動きを見て、逆の流しに打つ技術が必要になる。体と顔を引っ張り方向に向けておいて、利き腕だけで流しに打てば、GKの逆を突ける。

ジャンプシュート
ジャンプシュートを打ち分ける④

Menu **024** 正対して引っ張りに打つ

≫主にねらう能力

難易度 ★★★☆☆

やり方

半身の体勢をつくって、ジャンプシュートに入る。早めに前の肩を開いて、GKを観察し、そのまま引っ張り（左腕側）にシュートを打つ。

？ なぜ必要？

裏の裏は表

GKと正対すると、引っ張りには打ちやすくなるが、GKからも見えやすくなるので、止められる可能性は高い。安直なシュートではあるが、「正対して流し」のシュートとセットで使えば、駆け引きの道具になる。GKが裏をかいたつもりで流しに行ったら、引っ張りだった——といった駆け引きに役立つ。

ステップシュート

ステップシュートの駆け引き①

Menu 025 手だけ出して引っ張りに打つ

▶主にねらう能力

難易度 ★★★☆☆

やり方

DFの陰を利用して、ステップシュートをねらう。DFに隠れながら、ボールを持っている右手をDFの脇から見せる。GKの逆を突いて、引っ張りまで持っていく。

⚠ ポイント　GKは見えるものに反応しやすい

DFの陰からシューターの利き手が出てくると、GKは反応してそちらに行ってしまいがち。その習性を利用して、反対側の引っ張りまで打ち切る。隠れて打つことだけが目的になると、GKの正面に打ったりしがち。しっかりと手首を返して、引っ張りにコントロールすることが重要。

ステップシュート

ステップシュートの駆け引き②

Menu 026 体ごと引っ張りに倒して流しに打つ

▶主にねらう能力

難易度 ★★★★☆

やり方

DFの陰を利用して、ステップシュートをねらう。利き手と反対側に体を倒して、ゴールを伺う。GKが引っ張りに動くのを見て、流しの下に打つ。

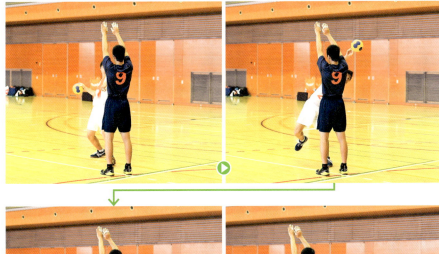

ポイント　壁をかわすシュート

理屈はMenu025と同じ。GKは急に出てきたものに反応するので、引っ張り側に動きやすい。その逆を突いて、流しの下に打つのがセオリー。このシュートはフリースローなど、目の前に高い壁があるときに効果的。壁をかわして横から急に打ち込めば、GKの反応も遅れがちになる。

ステップシュート

ステップシュートの駆け引き③

Menu 027 顔を引っ張りに出して手だけ流しに出して打つ

≫主にねらう能力

難易度 ★★★★☆

やり方

DFにかぶりながら、ステップシュートをねらう。引っ張り側から顔をのぞかせて、腕を横に伸ばして、流し側からシュートを打つ。

？ なぜ必要？

DFの壁を利用するシュート

先に顔だけ出すことで、GKに引っ張り側を意識させてから、DFの腰横からスナップを利かせて流しをねらう。体を横に出してくる動きと、利き腕を伸ばす動きで、バランスを取るようなイメージで打つ。何本も決まるシュートではないが、1試合に1本、忘れた頃に打つと、鮮やかに決まる。

ステップシュート

ステップシュートの駆け引き④

Menu 028 顔を流しに出してから切り返す

≫主にねらう能力

難易度 ★★★★☆

やり方

体を折り曲げ、利き腕側から顔とボールをのぞかせる。それを見たDFが、体ごとシュートブロックに寄ってくる。切り返しでDFをかわしてステップシュート。

❓ なぜ必要?

目の前のDFを食いつかせる

DFを食いつかせて、その逆から打つシュート。1対1を抜かなくても、シュートフェイクでDFを逆に動かせば、楽に打てる。この場合は実質G Kと1対1になるので、どこにどう打つかは状況次第。GKをよく見て、早動きしたらその反対側に打てばいい。

ステップシュート

ステップシュートの駆け引き⑤

Menu **029** 距離を取ってDFとかぶる

≫主にねらう能力

難易度 ★★★★☆

やり方

1. GK、DFとの一直線上に位置を取り、ステップシュートをねらう。
2. これまでと違うのは、DFとの距離感。DFの懐よりも離れて、つかまらないようにする。
3. 離れているから、流しと引っ張りの両方に打ち込める。

? なぜ必要?

離れることで、両側からゴールをねらえる

シュートはDFとずれた位置からねらうのが原則だが、ステップシュートの場合はDFと重なるメリットもある。DFとの距離を取ることで、流しと引っ張り、どちらにもシュートコースが生まれる。DFと重なる瞬間はごくわずか。なるべく歩数を使わず、できれば1歩で素早く打ちたいところ。

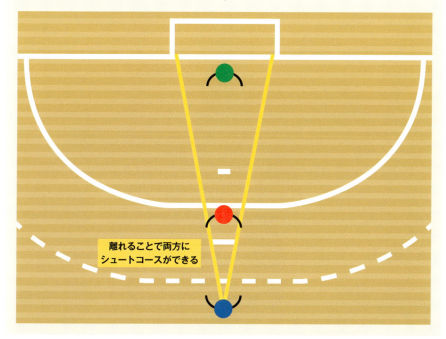

離れることで両方にシュートコースができる

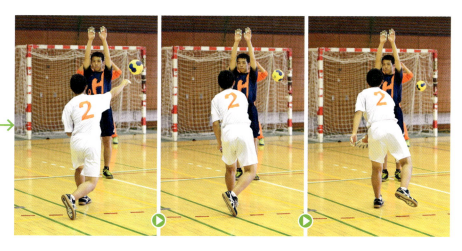

7mスロー

7mスローでGKが前に出てきたとき①

Menu 030 GKの股下をねらう

» 主にねらう能力

難易度 ★★★★☆

やり方

フェイクを一度入れて、GKを左右に揺さぶる。横の動きに対応しようとすると、GKのスタンスも広くなる。広くなったGKの股下をワンバウンドで抜く。

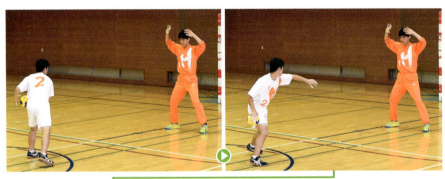

ワンポイントアドバイス

大型GKは足元に弱点あり

　大きいGKは面の大きさを利用するため、前で構える。しかし大きいGKは足が長いこともあり、足元のボールを苦手にしている場合が多い。弱点の股下をねらうために、フェイクで横の揺さぶりをかけておきたい。横を意識して足を開いたところで、股下を通す。

7mスロー

7mスローでGKが前に出てきたとき②

ねらい

Menu 031 ヒジを下げて上をねらう

≫主にねらう能力
- ボールハンドリング
- 判断力
- フットワーク
- フィジカル
- 身のこなし

難易度 ★★★★★

やり方

ヒジを下げて、下をねらうふりをする。GKがしゃがんだのを見て、頭の上あたりをねらう。ヒジを下げた状態からだと、少し抜き気味のシュートになる。

⚠ ポイント　体の近くを通す技術

　大きいGKは捕るというよりも「体に当てさせる」感覚で、前に位置を取る。そういうGKに対しては、体の近くがねらい目になる。腰横や顔横、頭の上など、体の近くで、なおかつ手足が届きにくいところをピンポイントで通過させれば、得点になりやすい。視覚的な威圧感に負けないだけのコントロールが必要。

7mスロー

7mスローでGKが前に出てきたとき③

Menu 032 前の肩を入れて開いてから流しをねらう

≫主にねらう能力

難易度 ★★★★☆

やり方

前の肩(写真では左肩)を入れて、そこから開いて、GKと正対する。体が開いた状態から引っ張り(シューターから見て左側)に打つと見せかけて、最後に右ヒジから先をひねって流し(同右側)に打つ。

⚠ ポイント　横の揺さぶりも使う

　GKの体の近くを通すだけでなく、オーソドックスな横の揺さぶりも使える。もし大きなGKが前に出てきて、シュートコースが見えないようならば、7mスローラインから少し下がってもいい。GKと距離を取ることで、左右どちらにもシュートコースを確保できる。

7mスロー

ねらい 7mスローでGKが下がったとき①

Menu 033 足元のボール1個分外をねらう

主にねらう能力

難易度 ★★★☆☆

やり方

GKの構えた足元のボール1個分外をねらってシュートを打つ。写真では右側（GKの左足）の外をねらっており、流しに来ると予測したGKが左足を出したので、結果としてシュートが股下を通過している。

▲ねらい目

？ なぜ必要？

GKがどちらに動いても入る

足元のボール1個分外というのがポイント。外に来たと思ってGKが足を踏み出すと、ボールは股下を通過する。反対側に早動きすれば、ボールはそのまま軸足の横を通過する。シューターもGKも四隅を意識しがちだが、GKの体の近くにねらい目がある。

7mスロー

7mスローでGKが下がったとき②

Menu 034 ゴールポストの下から4個目の「赤い印」をねらう

≫主にねらう能力

難易度 ★★★★☆

やり方

下の隅をねらうのではなく、ゴールポストの下から数えて4個目（赤）の高さをねらう。スライディングした足よりも高く、上にあげた手も届きにくい位置になる。

❓なぜ必要？

下がっているGKは捕りにいきたい

捕りにいく時間がほしいGKは、後ろに下がって待つ。ゴールの四隅にも爆発的な動きで、手足が届く。しかしゴールポストの下から4つ目の高さは意外な盲点に。一番下ならスライディングで足が届いても、少し上には対応しにくい。上体を投げ出しても隙間になってしまう。四隅ギリギリよりもねらい目になる。

第3章
セットオフェンス

セットオフェンスはハンドボールの醍醐味。
最も難しい部分だが、一番面白い部分でもある。
DFを寄せて味方を余らせる。余らせるのが無理でも隣に広いスペースをつくる。
地道な積み重ねが、得点機を生み出すのだ。

1対1
基本パターンを身につける①

ねらい

Menu 035 「0歩目」からのフェイント

≫主にねらう能力

難易度 ★★★☆☆

> **やり方**

空中でパスをもらって、両足で着地して、これが0歩目。正面に入ってきたDFを、左右どちらかに抜き去ってシュートを打つ。

> **なぜ必要?**

1対1の基本の仕掛け

1対1ではDFとずれるのが理想だが、セットOFの最初の段階では、DFが正面に入っている（＝マークが取れている）場合がほとんど。そこで両足で「0歩目」を着地して、左右どちらにも抜ける体勢をつくっておくと、DFも守りにくい。最初からずれているのであれば、ずれている方向に迷わず攻めればいい。

1対1

ねらい 基本パターンを身につける②

Menu 036 サイドステップでずれて切り返す

≫主にねらう能力

難易度 ★★★

やり方

ボールをもらいながら、DFとずれた位置を取る。DFが慌てて寄ってきたら、DFを食いつかせてから、反対方向に切り返しシュートを打つ。

？ なぜ必要？

ずれた位置を取る

先ほどはDFの正面に入ってしまった場合を紹介したが、OFの原則はDFとずれた位置を取ること。ボールをもらってからずれようとしてもなかなかずれないので、ボールをもらう前の動きでずれて、そこから攻撃を仕掛けていく。ハンドボールはいい位置を取れば、必ずボールを持っている側が有利になる。

1対1

基本パターンを身につける③

Menu 037 クロスステップでずれて切り返す

やり方

空中でボールをもらいながら、DFとずれる。空中の時点で右足をクロスさせ、クロスさせた右足で着地。ずれた位置を取り、DFが寄ってきたら、食いつかせて切り返しシュートを打つ。

Extra

ケンケンでもっとずれる

クロスステップで右足で着地した後、そのまま右足で左方向にもう一歩ケンケンすれば、DFとのずれはさらに広がる。反対側に跳ぶときも同様。クロスステップで左足から着地した後、右方向にもう一歩ケンケンすればいい。

1対1

基本パターンを身につける④

Menu **038** スイングフェイント

≫主にねらう能力

難易度 ★★★☆☆

やり方

ボールをもらいながら、DFとずれた位置を取る。捕まえようとするDFの右手を、左手で払いのける。払いのける反動を利用して、右手を後ろからスイングさせ、スイングした右手も利用して、DFの背後に入ってそのままシュートを打つ。

❓ なぜ必要？

相手を利用するフェイント

DFに捕まりそうな近い間合いでも、スイングフェイントで相手の動きを利用すれば、シュートまで持ち込める。ポイントは左手で払う動き。左手で相手を払うから、右手をスイングさせやすくなり、相手の背後にも入れる。利き手だけをグルグル回しても、フェイントにはならない。

2対2

2対2の共通理解を高める①

Menu **039** DFが寄ればパラレル（平行）

≫主にねらう能力

難易度 ★★★☆☆

やり方

1. センターと左バック（もしくは右バック）とで、横の2対2を行う。コーンで場所を区切る。1本はゴール中央付近。もう1本は6mラインが曲がり始めるところぐらいに置く。
2. DFはコーンの間を守る。左バックはDFの間を攻める。
3. 隣のDFが寄ってきたら、パラレル（平行）にパス。センターにボールを預ける。

DFの間を攻める

❓なぜ必要？

攻撃の意思統一を行う

OFでは共通理解がないと、隣の選手に合わせられない。横の2対2では「DFが寄ればパラレル。寄らなければクロス」で意思統一すれば、無理なく合わせられる。頭でわかるだけでなく、普段から反復練習で体に落とし込んでおきたい。無意識で動けるようになれば、合わせもスムーズになる。

また、OFの基本は、間を攻めること。DFの正面に入るのではなく、間に位置を取れば、だれからも邪魔されることなくシュートまで持ち込める。間を攻めることで、自分のマークだけでなく、隣のDFも寄せられる。1人で2人のDFを引きつければ、必ずどこかに数的優位ができているので、ノーマークがつくれる。

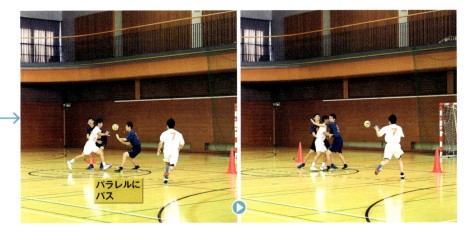

パラレルにパス

2対2

2対2の共通理解を高める②

Menu 040 DFが寄らなければクロス

≫主にねらう能力

難易度 ★★★

やり方

1. コーンを置いて、DFの守るスペースを制限する。1本は真ん中。もう1本は6mラインが曲がり始めるあたりに置く。
2. 横の2対2で、センターがボールをもらって仕掛ける。
3. もう1人のDFが寄って行かないのを見て、左バックは大きく右に移動し、センターとクロスする。
4. クロスした左バックは、右側にできた広いスペースに切れ込む。

センターがボールをもらって仕掛ける

左バックはセンターとクロス

ワンポイントアドバイス

クロスのためのクロスにしない

　2対2は無数にパターンがありそうだが、最終的にはパラレルとクロスとスクリーンの3つのパターンしかない。横の2対2はパラレルとクロスのみ。この両方を的確に使い分ければ、数的優位をつくれる。DFが寄ってこなかった場合にクロスを使って、反対側で1人余る形をつくるのを、共通理解にする。

　また高校生レベルでありがちなのが、クロスのスピードばかり気にして「クロスのためのクロス」になってしまうこと。クロスだけが目的だと、速く動いても怖さがない。==最初の選手がしっかり前をねらって、そこからのクロスでないと、DFのスイッチ（＝マークの受け渡し）で簡単に守られてしまうので注意しよう。==

広いスペースに切れ込む

3対3

パラレルかクロスかの判断を3人で合わせる①

Menu **041** バックプレーヤーの3対3 ①

▶主にねらう能力

難易度 ★★★★

やり方

1. バックプレーヤーで3対3を行う。センターから仕掛けていく。
2. センターがDFを2枚寄せきれなかったので、左バックがクロスで入っていく。
3. 左バックはクロスで、右側の間に入っていく。
4. 左バックにDFが寄ったので、パラレルで右バックにパスを出す。

センターから仕掛ける

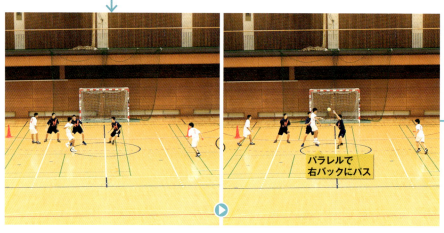

パラレルで右バックにパス

なぜ必要？

流れの中で判断する

2対2で練習したパラレルかクロスかの判断を、今度は3人のコンビネーションでやってみる。ボールを持っていない2人目、3人目がどう絡んでいくかがポイント。DFを2人寄せたらパラレル。寄せられなければクロス。この共通理解さえ間違えなければ、必ず味方を1人余らせることができる。

ワンポイントアドバイス

寄せて、余らせる

3対3以上になると動きが複雑そうに見えるが、「DFを寄せて、味方を余らせる」原則をわかっておけば混乱しない。ここではセンターと左バックがクロスすることでDFを左側に寄せて、右バックに広いスペースをつくっている。クロスした左バックが間を攻めることで、2対1の数的優位ができた。

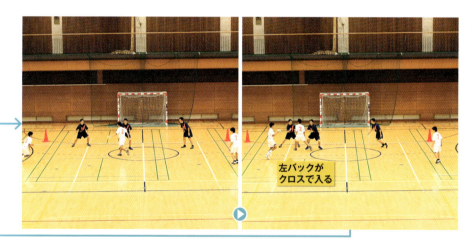

左バックがクロスで入る

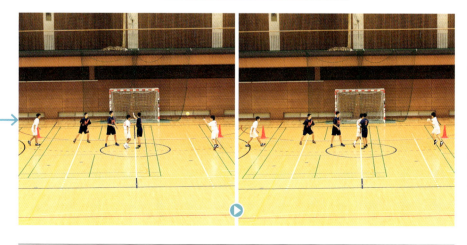

3対3

パラレルかクロスかの判断を3人で合わせる②

Menu 041 バックプレーヤーの3対3 ②

≫主にねらう能力

難易度 ★★★★

やり方

1. センターから仕掛ける。
2. ＤＦを寄せられなかったので、センターは左バックとクロスする。
3. クロスした左バックは右側の間を攻めようとするが、寄せきれなかったので、右バックがクロスする。
4. 右バックが2対2の外を攻めたので、左側のＤＦが寄る。
5. 左側に移動していたセンターが余るのでパスを出す。

センターから仕掛ける

右バックがクロス

❓ なぜ必要？

攻撃を継続させる

最初のきっかけの動きだけでは、シュートチャンスはなかなかつくれない。繰り返し揺さぶり続けることで、少しのずれがだんだん大きくなり、シュートチャンスが生まれるようになる。全員が正しく判断して、パスを正確につないでいけば、いつか必ず得点できるということを覚えておいてほしい。セットオフェンスが苦しいときほど、慌てずに、粘り強く、正しい判断を継続したい。

このメニューは3対3で行っているが、局面を切り取れば2対2であり、これは人数が4対4、5対5……と増えても同じ。まずは2対2で確実にできるようになって、次第に人数を増やしていくようにしよう。

左バックとクロス

パラレルにパス

3対3

LB（もしくはRB）から攻める①

Menu **043** バックプレーヤーの3対3 ③

≫主にねらう能力

難易度 ★★★★

やり方

1. 左バックから仕掛けていく。
2. 左バックはアウトに位置を取り、インに切り返す。
3. 切り返したことで真ん中のＤＦも寄ってくる。ＤＦが寄ればパラレルに、センターにパスを出す。
4. センターがボールをもらった時点で、コートの右半分が2対1になっている。余っている右バックにパスを出す。
5. 右バックがシュートを打つ。

左バックから仕掛ける

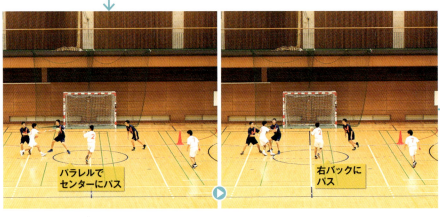

パラレルでセンターにパス

右バックにパス

!ポイント
強い1対1からずらしていく

　ここでは左バックが強い1対1でDFを2枚寄せたのが、シュートまで持ち込めた要因。アウトに位置を取って間を広げて、DFとずれた位置を取りながらインに切り返した。間にはまって、パラレルでずらしていくのがシンプルでベストの形。難しい動きに頼らず、1対1の強さを高めていくことが、セットオフェンス攻略につながる。

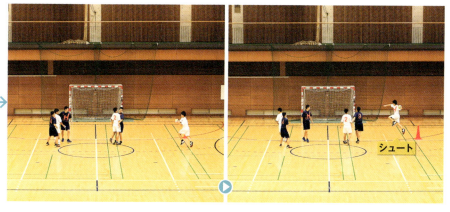

シュート

3対3

LB（もしくはRB）から攻める②

Menu 044 バックプレーヤーの3対3 ④

≫主にねらう能力

難易度 ★★★★

やり方

1. 左バックから仕掛ける。
2. 左バックがスペースを広げてから、センターにパラレルでパスを出す。
3. センターは2対2の外（写真では左側）を攻めて、右側に広いスペースをつくる。右側に広い1対1ができているので、右バックにパスを出す。
4. 右バックがアウトからインに切り返し、DFを2枚寄せる。あとはパラレルでずらしていけば、左バックが余るのでパスを出す。

左バックから仕掛ける

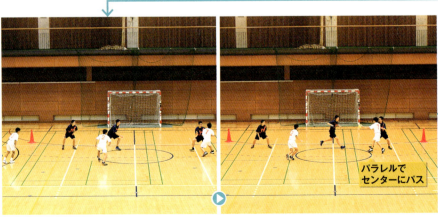

パラレルでセンターにパス

ワンポイントアドバイス

寄せるだけでも十分

ここではセンターが左に動いて真ん中のDFを寄せたことで、右側に広い1対1ができた。3対3は1対1と2対2の組み合わせ。「1対1でDFを寄せて、広い2対2で勝負する」か、「2対2でDFを寄せて、広い1対1で勝負する」かの2通りしかない。味方のために広いスペースをつくる動きだけでも、チームのプラスになる。

広い1対1

センターにパラレルでパス

センターは右バックにパス

左バックにパス

2対1.5

ねらい: 少し有利な場面での判断力を磨く

Menu 045 バックとサイドの2対1.5

難易度 ★★★★

やり方

1. 左バックと左サイドが2対2をする。DFはコーンで区切られた側を2人で守る。コーンは6mラインが曲がり始めるあたりに置く。
2. 左バックはパサーからパスをもらって攻める。2枚目のDFは、コーンにタッチしてからスタート。
3. 少し遅れてくる2枚目のDFを観察しながら、左バックはプレーを選択する（P87から5パターン）。

このメニューの動き方

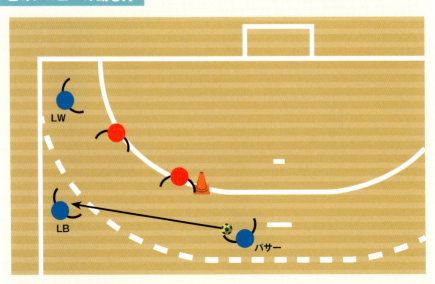

？ なぜ必要?

少し有利な場面を逃さない

2対1.5としているのは、2枚目のDFが通常よりも寄りきれていない状態からスタートするから。**2対1ほど余ってないが、2対2よりは少し有利。こういう場面は、試合中で意外と多い。**

少し有利な状況を見逃さず、確実にものにする習慣をつけておきたい。少し有利な場面こそ、判断力が大事になる。

【パターン1：シンプルに間を攻める】

> やり方

パスをもらった左バックは、広くなっている間をねらう。DFが2枚寄ってきたので、左サイドにラストパスを出す。左サイドはノーマークでシュートを打つ。

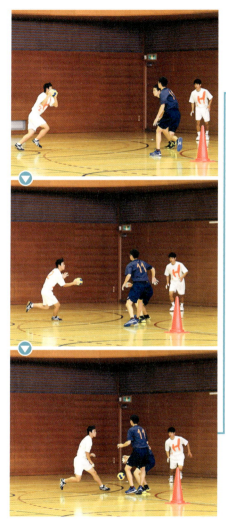

⚠ ポイント　DFを寄せて、味方を余らせる

DFの間が広ければ、シンプルに間をねらっていくのが定石。そのまま間を抜けたらシュート。DFが寄ってきたら、パラレルで左サイドにパスを出す。

パサーからボールをもらう前の位置取りは、DFの間に立ち、なおかつゴールに向かって一直線に行ける場所。OFの基本であり、最初の選択肢でもある。

【パターン2：切り返してインに行く】

> **やり方**

左バックは間（2枚目のアウト）をねらう。2枚目のＤＦがやってきたので、間が狭くなる。左バックは切り返して、2枚目のＤＦのインに切れ込み、かわしてシュートを打つ。

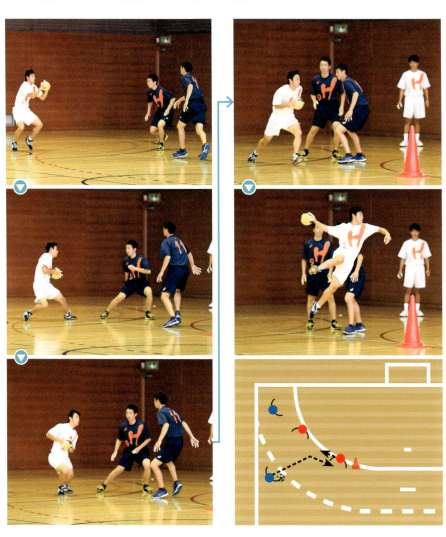

> ⚠️ **ポイント** 相手の動きを利用する

2枚目のＤＦに脚力がある場合、広かったはずの間が狭くなる。その代わり、2枚目の内側（イン）にスペースができるから、アウトから切り返してインに行けばいい。目の前が狭いというのは、どこかに広いスペースがあることの裏返し。視野を広く保って攻めたい。

【パターン3：インからボールをもらいに行く】

やり方

外に位置を取っていた左バックが、大きく弧を描きながらインに動いてボールをもらう。インに行く動きにつられて、DFを2枚寄せたのを確認して、フリーになっている左サイドへパスを出しシュートを打つ。

ポイント　ボールをもらう前の動きに変化をつける

左バックはストレートに間をねらうだけでなく、オフ・ザ・ボールの動きに変化をつけて、DFを翻弄する。ここでは弧を描くようにインに動くことで、1枚目のDFをおびき出した。間を割るまでもなく、DF2枚がかぶった状態になるので、左サイドが必然的に余る。

【パターン４：アウトインで切り返す】

> やり方

左バックは弧を描くように、ライン際からインへ動く。インへ動くと、追いかけてきた２枚目のＤＦとの勝負になる。一度アウトにフェイクを入れてから、インに切り返し、２枚目のインを抜けてそのままシュートを打つ。

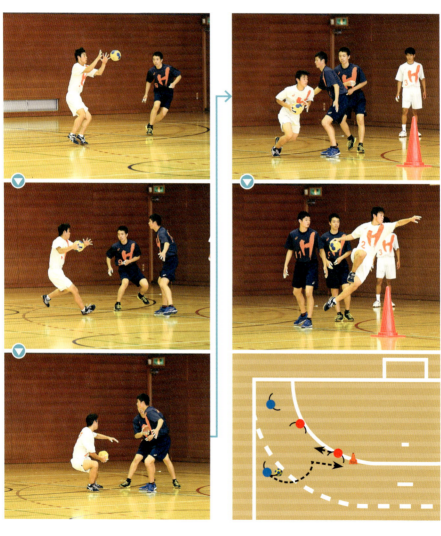

ポイント　２枚目との１対１

弧を描いて走り込む動きに１枚目がつられなかったら、２枚目との１対１になる。そのままインに行こうとすると捕まるので、ひとつアウトへフェイクを入れて２枚目を食いつかせてから、インに切り返す。切り返しの動きはパターン２と同じだが、ボールをもらう前に走るコースが違う。

【パターン5：カウンターで2枚目を抜く】

> **やり方**

コーンをタッチしていた2枚目のDFが、間を狭くしようと走ってくる。2枚目のDFの動きとは反対に、左バックは直線的にインに動きながらボールをもらい、2枚目のDFの逆を突いてインでフリーになる。そのままシュートを打つ。

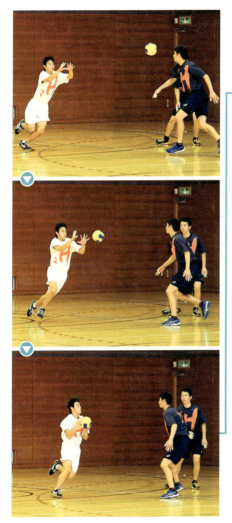

⚠ ポイント　カウンターでフリーになる

左バックのボールをもらう前の動きに注目してほしい。「間をまっすぐねらう」「弧を描きながら走り込む」「カウンターでずれる」の3通りがある。こ こで紹介するのはカウンターですれ違う動き。直線の動きでインに行くから、一生懸命アウトを守りに行った2枚目のDFが対応できない。

横の3対2

数的優位な状況でずらすための判断力を養う①

ねらい

Menu **046** 横の3対2でずらす①

≫主にねらう能力

難易度 ★★★★

やり方

1. 右半分での3対2を行う。左にいるパサーからセンターにパスが渡ってスタート。
2. 右バックはDFの間に走り込みながらパスをもらう。
3. DFが寄ってきたから、右サイドにパス。右サイドが余ったので、シュートまで持ち込む。

センターにパスが渡ってスタート

右サイドにパス

❓ なぜ必要？

ずらすための基本を再認識

1人余らせるために、それぞれが仕事を徹底する。特にここでは右バックの動きが重要になる。両バックは動きながらボールをもらって、間を攻めるのが鉄則。間にはまるからDFが寄って、味方が余る。

👆 ワンポイントアドバイス

ラインを合わせる

ラインを合わせる位置取りは、つねに隣同士が横に並ぶ感じになる。たとえばセンターが9mライン付近にいるなら、隣の右バックも9mライン付近というように、並びながら攻める。ただし、これは数的優位ができたときの原則であって、数的優位をつくるための1対1でラインを合わせようとすると、間が詰まって、DFに守られてしまう。

右バックにパス

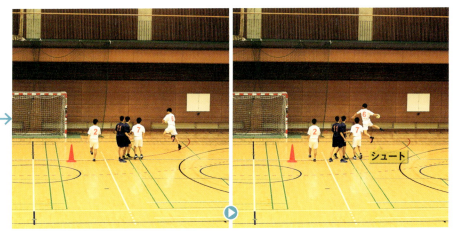

シュート

横の3対2

数的優位な状況でずらすための判断力を養う②

Menu **047** 横の3対2でずらす②

≫主にねらう能力

難易度 ★★★★

やり方

1. センターがパサーからパスをもらってから仕掛ける。
2. 右バックが間を攻めようとしたが、DFがついてきた。
3. センターは右サイドに飛ばしパスをして、シュートに持ち込む。

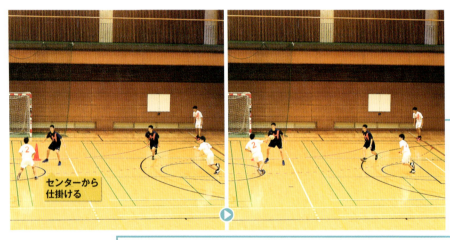

センターから仕掛ける

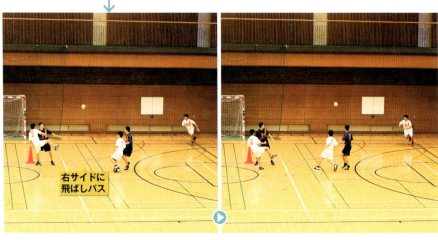

右サイドに飛ばしパス

? なぜ必要？

飛ばしパスが必要な場面を知る

ここではセンターの判断が重要。右バックにパラレルでずらしたかったが、右バックが守られているときに、右サイドへ飛ばしパスを選択する。==空中でパスの出しどころを探すのではなく、跳ぶ前に味方の状況を把握して、シュートモーションから飛ばしパスを出す。==

☝ ワンポイントアドバイス

クロスアタックには飛ばしパス

3対3や実戦の6対6では、1枚目のDFがクロスアタックで両バックを潰しにくる場合がある。そういうときにはセンターからサイドへの飛ばしパスが効果的。1枚目のDFが自分の見るべきサイドを捨てているのだから、サイドはノーマークになっている。

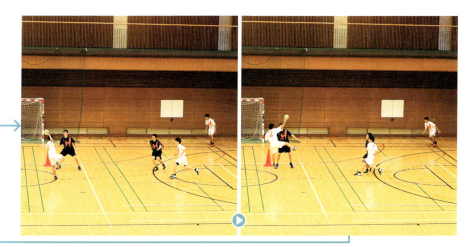

シュート

縦の2対2

前をねらう姿勢でDFをおびき出す

Menu **048** センターとポストの2対2 ①

≫主にねらう能力
- ボールハンディング
- 判断力
- フットワーク
- フィジカル
- 身のこなし

難易度 ★★★★

やり方

センターとポストで2対2を行う。両バックはパサー。OF、DFともにコーンで区切られた中央部分で攻防を行う。センターがステップシュートをねらう姿勢を見せる。DFが2枚とも前に出てきたら、裏でポストがフリーになっている。ポストは裏を走りながらDFから離れ、センターはポストパスを落とす。

? なぜ必要？

前をねらうから、ポストがあく

バックプレーヤーは前をねらう怖さを相手に植えつけたい。ミドルシュートやステップシュートを打ってくるから、DFは前に出てくる。シュートの怖さがなければ、DFはライン際に張りついてポストだけを守ればいい。DFをおびき出すことで、縦の2対2にバリエーションが生まれる。

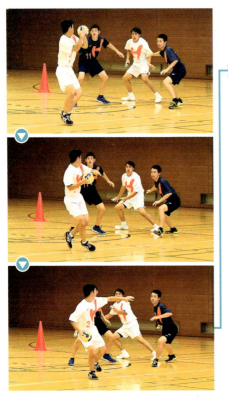

縦の2対2

DFが出てこなければミドルをねらう

Menu **049** センターとポストの2対2 ②

≫主にねらう能力

難易度 ★★★★

やり方
DFが2人ともポストを見ているので、センターはDFから邪魔されずに、ミドルシュートをねらう。

なぜ必要？
ポストがいるから、ミドルが活きる

ただ単にミドルシュートをねらっても、単発のシュートはなかなか決まらない。だからポストの助けを借りる必要がある。ポストがDFを2枚引きつけたり、DFの前でスクリーンをかけるなど、バックプレーヤーに打ちやすい状況をつくれたら、ミドルシュートが決まりやすくなる。

縦の2対2

サイドスクリーンからの展開を身につける

Menu 050 センターとポストの2対2 ③

≫主にねらう能力

難易度 ★★★★☆

やり方

センターを見ているDFが前に出たら、そのDFに対して、ポストがサイドスクリーンをかける。サイドスクリーンでできたスペースに、センターはドリブルで切れ込む。ポストを見ていたDFが、切れ込んでくるセンターのマークに走るので、ポストはスクリーンをやめて、裏のスペースへ走り、ポストパスをもらう。

? なぜ必要?

DFの段差を利用する

DFが前に出てきたら、DFラインに段差が生じる。段差があるときは、マークの受け渡しにミスが生じやすい。ここではポストがサイドスクリーンをかけた後にDFから離れて、ノーマークになっている。積極的に前に出たはずのDFはセンターを追いかけられず、裏のスペースも取られてしまった。

ワンポイントアドバイス

ポストは離れ際にひと手間かける

スクリーンをかけたポストがDFから離れるとき、そのまま離れてしまうと、DFもすぐ追いかけてくる。==DFを一度押し込んでから離れると、DFの初動がワンテンポ遅れる。==この離れ際での「ひと手間」を、いいポストほど大事にしている。手間を惜しまない習慣づけを、普段の練習から徹底しておくように。

縦の2対2

マークチェンジの隙をついてミドル

ねらい

Menu **051** センターとポストの2対2 ④

» 主にねらう能力

難易度 ★★★★

やり方

最初は、センターには紺の11番がDFについている。センターが大きく右に移動したので、ポストを見ていた紺の9番がついてくる。DFがマークをスイッチしたが、追いつけないので、センターは利き手がずれた状態でミドルシュートを打つ。

❓ なぜ必要？

2対2の外をねらう

狭い幅だけで2対2をやっていても、DFのマークの受け渡しにミスが生じない。**DFの外、つまり2対2の外をねらうことで、DFが揺さぶられ、マークの受け渡しにミスが生まれる。**この場面で仮にセンターが守られても、ポストにパスを出せば得点につながる。

 ワンポイントアドバイス

ドリブルでずれる

ポイントは、センターのドリブルにある。1回のドリブルで左から右に大きく移動して、自分をマークしているDFを振り切っている。無駄なドリブルは味方と連動しにくくなる原因にもなるが、効果的にドリブルを使えば、DFとずれた位置をつくれる。

縦の2対2

インにドリブルから
ポストパス

ねらい

Menu **052** センターとポストの2対2 ⑤

≫主にねらう能力

（レーダーチャート：ボールハンドリング／判断力／フットワーク／フィジカル／身のこなし）

難易度 ★★★★☆

やり方

走り込んでパスをもらったセンターが、そのままの勢いでステップシュートのフェイクを入れる。DFをアウトに固めてから、インに切り返す。DFが1人寄ってきたら、位置を取れているポストにパスを出す。

？ なぜ必要？

対角のポストパスを落とす

ポストパスをねらうときに、正面からは入りにくい。ポストがサイドスクリーンをかけた状態（いわゆる「勝ちの位置」）になったところで、対角からポストパスを落とすと、決まりやすい。サイドスクリーンがはまるために、どう攻撃したらいいかを逆算して考えると、ポストを活かせる。

縦の2対2

インにドリブルで切れ込む

Menu **053** センターとポストの2対2 ⑥

≫主にねらう能力

難易度 ★★★★

やり方

走り込んでパスをもらったセンターが、ステップシュートのフェイクを入れる。DFをアウトに固めてから、インに切り返してドリブル。ポストのサイドスクリーンにより紺の9番がマークの受け渡しに一瞬遅れたので、インのスペースに切れ込み、ミドルシュートを打つ。

!ポイント

ボールから目を切る勇気

ポストはずっとボールを追いかけていたら、移動するタイミングがつかめない。自分のマークが薄くなった瞬間に動いて、チャンスをつくり出すのがポストの仕事。ボールから目を切る勇気を持って、次に備えたい。ここではDFがセンターのフェイクに気を取られている隙に、サイドスクリーンをかけている。

4対4

2対2の外を攻めて3人目を寄せる

ねらい

Menu **054** ポストを絞めた4対4 ①

≫主にねらう能力

難易度 ★★★★

やり方

センターは右側にいるパサーからボールをもらう前に動いて、2対2の外を攻める。ポストはサイドスクリーンをかけて、パスをもらえる位置取りをする。センターが2対2の外を攻めたことでＤＦがもう1人寄ってくるので、パラレルで左側にずらす。パスをもらった左バックが間を攻め、また隣のＤＦが寄ってきたら左サイドへパスを出す。

？ なぜ必要？

2対2の外を攻める

ここではセンターが2対2の外を攻めたことで、3人目である隣のＤＦを寄せた。ＤＦが寄れば、あとはパラレルでずらせばいい。

ここに注意！

少しオフェンス有利から始める

実際に練習で4対4をやるときは、コーンに近いＤＦが右足を前に出した状態からスタートする。センターの利き腕（この場合は右手）を守りたければ、ＤＦは左足を前にするので、通常よりも少し準備が遅れた形になる。この「少しだけ有利」な状況を利用して、オフェンスはチャンスを物にしたい。

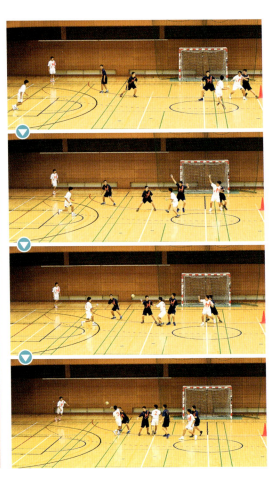

4対4

クロスしてきた左バックと2対2を行う

Menu **055** ポストを絡めた4対4 ②

≫主にねらう能力

難易度 ★★★★

やり方

センターがポストとの2対2を攻める。センターが2対2の外を攻めたが、DFが寄らなかったので、左バックはクロスする。クロスした左バックは、そのまま大きく右に移動し、ポストは左にスライド、左バックとポストの2対2になるので、左バックはポストにパスを落とす。

? なぜ必要?

いろいろな人と2対2をする

センターとポストとの2対2が終わったら、ポストの仕事も終わりではない。次にくる選手と2対2をやって、連続して攻撃したい。ポストはだれと2対2をしているのかを絶えず意識して、周りも2対2がやりやすい環境(=広いスペース)を整えてあげよう。

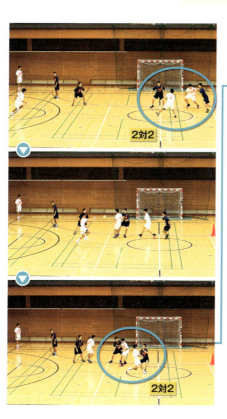
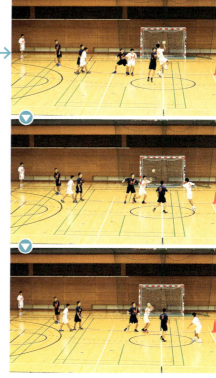

4対4

ポストがDFを引き連れてスペースをつくる

Menu **056** ポストを絡めた4対4 ③

》主にねらう能力

難易度 ★★★★☆

やり方

センターが縦の2対2を攻める。センターから左バックにパス。左バックは間を攻める。左バックが間を攻めるのに合わせて、ポストは左へ移動、パスを出したセンターは右に移動する。ポストが左に動いたことで、センターが広いスペースで1対1ができるので、1対1をやりながら、スペースのほうに振り向いたポストへパスをする。

! ポイント

ポストが動いて、スペースをつくる

ここではポストの左側への移動がポイント。ポストがDFを引き連れたことで、センターに広い1対1のスペースができた。さらにはDFを連れていった後に、ポストがもう一度ボール側を向いたことで、2対1の数的優位が生まれた。DFが左バックに気を取られているうちに、位置取りを確保しておく。

広い1対1

ポストがボール側を向く

ポストが左へ移動

第4章
速攻

セットオフェンスだけだと、なかなか得点が伸びない。
守って速攻につなげるイージーな得点が増えれば、
試合運びも楽になるし、チームも盛り上がる。
ただ走るだけでなく、的確な判断でボールをつなげよう。

速攻

リバウンドから速攻につなげる

Menu 057 リバウンドの約束事の整理

速攻の練習メニューを紹介していくにあたり、まずここでは、速攻を仕掛けるのに必要なリバウンドの約束事を説明する。チームとしての約束事をつくり、各選手の役割を整理し、リバウンドを取って速攻の確率を高めていこう。

⚠ ポイント①
3人が飛び出し、3人がリバウンド

相手がシュートを打ったときはリバウンドに備える。「3人が速攻に飛び出し、3人がリバウンドを拾う」という約束にすると、バランスがよくなる。そのとき、3枚目の2人のうち1人がリバウンド、1、2枚目をセットに考えて、2人のうちどちらかがリバウンドと考えるといいだろう。

⚠ ポイント②
状況に応じて役割を変え、すべてをこなせるようにしたい

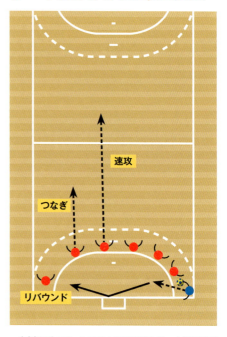

左側のディフェンス3人を例に考える。左側にリバウンドが転がった場合、1枚目がリバウンドを拾って、2枚目がつないで、3枚目が速攻に飛び出すというのはあり。この役割をあえて固定しないで、状況に応じて3人の役割を変える。各ポジションの選手が3つの役割をすべてこなせるようにしておきたい。

❓ なぜ必要?

スペースを利用して、DFとずれる

　速攻で飛び出すときに、前に向かって一直線に走ろうとする選手が多い。早く前に行きたい気持ちもわかるが、まっすぐに走るとDFがバックチェックしやすい。せっかく広いスペースがあるのだから、目の前のDFをかわすように、DFとずれて走りたい。真ん中でフリーになれば、シュートをセーブしたGKからのパスをもらえる可能性が高まるし、味方からのボールをもらえる確率も高くなる。また、仮にDFをかわすことができなくても、斜めに走ることで広いスペースができる。次に走る選手は、そのスペースをめがけて走ればいい。

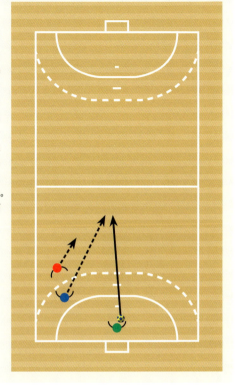

ワンポイントアドバイス

最初はポストに入る

　速攻で最初に敵陣に入った選手は、まずポストに入りたい。DFの裏を取ってライン際に入れば、パスをもらえる可能性が高まる。仮にDFの裏を取れなくても、相手のマークから少し浮いた状態でボールを持てば、あいている味方にパスを出しやすいし、後から走ってくる選手も判断しやすくなる。

速攻

速攻での判断を磨く

Menu **059** 3対2の速攻練習

≫主にねらう能力

難易度 ★★★★☆

やり方

1. 3対2＋GKで速攻を行う。真ん中のOFはフリーで、両サイドのOFにはDFが1枚ずつつく。
2. 真ん中のOFが転がしたボールを、GKが拾った時点で速攻スタート。
3. GKはひとまず、真ん中のOFにボールを預ける。
4. 両サイドのOFは、DFからずれるように走り、真ん中のOFからのパスをもらう。
5. 2人ともDFをかわして、いい状況をつくる。ゴールに最も近いOFは、まずポストに位置を取る。

❓なぜ必要?

DFとずれて走る

Menu058で説明した「DFとずれる」走り方を、数的優位の状況設定の中で実践するメニューだ。早く前に行こうとしないで、「40m×20mの広いスペースで3対2」を行うと考えれば、攻めのイメージがつくりやすいだろう。ボールを持たないときにどのように動くか。DFとずれる、スペース（間）に走り込むこと。やるべきことはセットOFと同じ理屈なので、ぜひ振り返ってみてほしい。

👆ワンポイントアドバイス

空間にパスを出す

速攻の勢いを止めないためには、走り込んでくるであろう空間にパスを出すことが大切になってくる。人に向かって投げるのではなく、スペースに向かってボールを投げて、そこに味方を走らせるイメージをもってやろう。的がないところに投げる難しさはもちろんあるが、ライナー性のボールで空間にパスを出すプレーに、練習のときから積極的にどんどんチャレンジしてほしい。

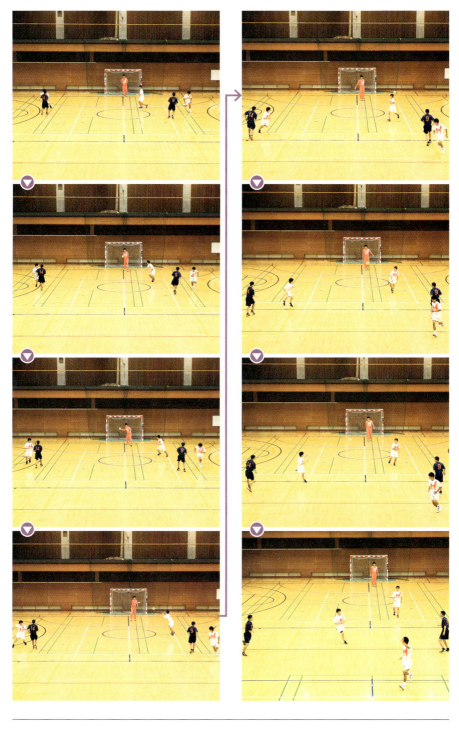

速攻

速攻での判断を さらに磨く①

Menu 060 4対4の速攻練習

≫主にねらう能力

難易度 ★★★★★

やり方

1. 4対4＋GKでフルコートの速攻を行う。速攻が始まり、GKから最初のパスが通ったタイミングで、6mライン内にいたDFが戻る。

2. 敵陣に最初に入った選手は、ポストの位置を取る。ボールを持った選手はドリブル突破をねらう。両サイドの選手はスペースに走り、DFをかわす。遅れていたDFが戻ってくる前に、4対3で攻める。

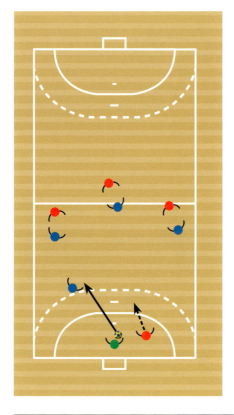

? なぜ必要？

数的優位には賞味期限がある 相手が戻りきらないうちに攻める

　数的優位をつくったとしても、判断するのに時間をかけてしまうと、数的優位ではなくなってしまいもったいない。この練習メニューでは、相手がノーマークシュートを打ってDF1人の戻りが遅れている場面を想定した設定で行っている。相手の戻りが遅れている間に、4対3のアドバンテージを利用してシュートまで持ち込もう。

3　遅れていたDFが戻って4対4になっても継続する。裏を取れなかったポストがDFの前を横切るタイミングに合わせて、サイドが同じ方向に切っていく。

Extra

数的優位が失われた後の 3次攻撃でのサイド切り

　4対4になって、ポストが裏を取れない場合は、ポストがわざとDFの前を横切る。そのタイミングに合わせて、サイドが切る。3枚目の図では、ポストが右から左に行くのに合わせて、右サイドが切っている。連動して動くことで、DFがどっちにつけばいいのか一瞬迷い、そこでシュートチャンスが生まれる。

ワンポイントアドバイス

クイックスタートをいつ仕掛けるか 考え方は速攻と同じ

　相手にゴールを許した後のクイックスタートも、考え方はここで紹介した速攻と同じだ。相手がサイドシュートやポストシュートなど、1人飛び込んだ状態になっていれば、その選手の戻りは必然的に遅れることになる。その時間を利用してクイックスタートを仕掛ければ、数的優位で1点を取り返しやすくなる。

速攻

速攻での判断を さらに磨く②

Menu **061** 6対6の速攻練習

主にねらう能力
ボールハンドリング / 判断力 / フットワーク / フィジカル / 身のこなし

難易度 ★★★★★

やり方

1. 6対6＋GKでフルコートの速攻を行う。GKのパス出しで速攻スタート。5対5はセンターライン付近から始めて、DFの1人は最初のパスが通ったタイミングで遅れて戻る。

2. 遅れているDFが戻るまでに、6対5の数的優位で攻める。最初に敵陣に行ったOFは、まずポストに入る。DFは戻るだけでなく、相手を捕まえてフリースローを取って、戻りが揃う時間をつくってもいい。

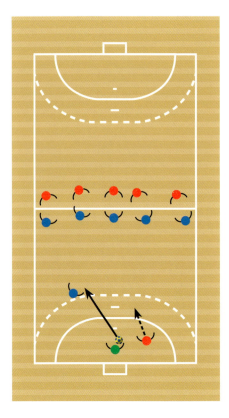
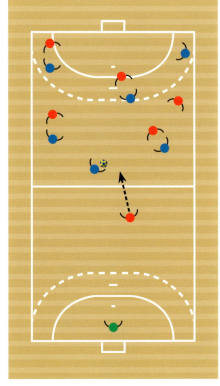

❓ なぜ必要？

シュートに持ち込みやすい場所を感じる

速攻のセオリーで「まず角を取れ」というのがあるが、サイドがあいていそうだからパスを出しても、意外とシュートまで持ち込めないケースが多い。速攻練習を通じて、どこに投げたらシュートに持ち込みやすいかを肌で感じておく。セオリーは大事だが、セオリーだけにとらわれていたら、勝つことはできない。

❌ ここに注意！

よくある失敗例①

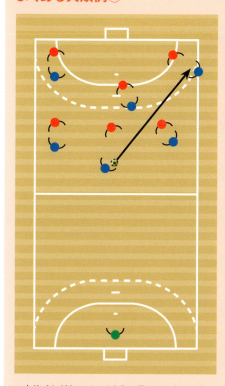

右サイドがあいているように見えるからパスを出したが、角度がなくて右サイドが打てなかった。シュートを躊躇しているうちに、DFがライン際に6人戻って、速攻で押し切れなかった。速攻のパスコースを遠くから順に探すのはセオリーだが、サイドはあいているようで意外と打ちにくかったりする。

よくある失敗例②

右バックが安直に右サイドへパスを出し、リターンをもらってから攻めようとすると、DFが揃ってしまい、攻め切れなかった。右サイドがずれてもいないのに、パスを出すのは時間の無駄。自分のリズムでプレーするためにパスを出していたら、数的優位の賞味期限が切れてしまう。

阿部直人の法政二高流ゲームマネジメント術

苦しいときの心構え

■互いに補う

　試合の中では必ず、うまくいかない時間帯が出てきます。そういうときには、オフェンスとディフェンスで補い合って、悪い流れを断ち切りましょう。

　点が入らない時間帯は、ディフェンスで我慢します。点が取れなくても「守っていれば、負けない」ぐらいの強い気持ちでいれば、守って速攻で点が入るようになります。シンプルな得点が増えるうちに、セットオフェンスにも余裕が出てくるはずです。

　GKが当たらなくて、点の取り合いになる時間帯もあります。そういう場合にコートプレーヤーはGKに不満をぶつけるのではなく、自分たちのやることに集中してください。具体的には、まずオフェンスで点を取ること。そして戻ってきたらディフェンスでも頑張って、GKが捕りやすいシュートにしてやるのです。ロングシュートに対しては、必ず一度当たっておく。サイドシュートは角度のないところに追い込む。イライラしたり、ただ我慢したりするのではなく、今自分がやるべきことに焦点を当てて、苦しい局面を乗り越えていくのです。

■大差がついても

　終盤になって、相手に離されてしまう試合もあるでしょう。残り時間も少なく、点差もかなりあります。そういうときに点差だけを見て焦っ

てしまうのが、一番よくありません。慌てて攻めて、組み立てもせずに単発でシュートを外すと、悪循環です。そういうときこそ1点ずつ丁寧に取りにいくのです。

　セットオフェンスが、これまで4回に1回しか決まらなかったとします。それが3回に1回の精度になれば、それだけでも大きな成果です。

時間内に追いつくことは不可能でも、自分たちのプレーのクオリティに焦点を当てて、少しでも成功率を高めていくことが、次につながります。試合後に振り返って、通用したプレーと通用しないプレーを選別するためにも、最後まで全力で戦いましょう。全力を出さないで終わると、何が通用したのかさえわからないま

ま、また次の試合に挑むことになります。

大差で負けているチームの中には、恥ずかしいからか「俺、全力出してないし」みたいな態度を取る選手がいます。一生懸命やっているふりをして、平気で味方を罵倒して、責任転嫁する選手もいます。そういった態度からは、強いチームは生まれません。互いにカバーし合って、最後まで全力を尽くしたその先に、次への可能性が見えてくるのです。

■**時計が止まったときに**

タイムアウトは流れを変えるためにあります。タイムアウトの指示はより具体的なほうが、選手の頭の中も整理されます。

たとえば攻撃が慌ただしくなっているときに「ゆっくり攻めろ」と言うだけではなく、「クロスチェンジで時間を使って、ユーゴから○○の1対1で勝負」というように、より具体的に伝えることで、伝わり方が違います。タイムアウトではオフェンスとディフェンス、両方の指示を出せるのがベストです。

相手がタイムアウトを取ったときも、ただの休憩時間にしないで、1分間を有効に活用します。相手がタイムアウトを取るということは、相手のオフェンスがうまくいっていない場合が多いので、監督が策を授けてくる可能性がおおいにあります。そこを逆手に取って、タイムアウト明けからディフェンスシステムを変えることで、相手の作戦や修正を消してしまうのも、ひとつの駆け引きです。

モッパーが入るなどして時計が止まったときに、選手たちだけで集まって話し合うのも、上手な時間の使い方です。このときも、選手同士でより具体的に話をするよう習慣化しておきます。「相手のここが弱そうだから、このきっかけで俺に攻めさせて」というように、ねらいとイメージが共有できれば、プレーの精度も高くなります。

第5章
ゴールキーパー

ゴールキーパー（GK）はワンプレーで試合の流れを変えられるポジション。
シュートを止めるのはもちろん、こまめな声がけでDFを修正したり、
速攻のパス出しで数的優位をつくるなど、
試合のさまざまな場面で、GKの出来が勝敗を左右する。

ゴールキーパー
駆け引きをしてサイドシュートを防ぐ

Menu **062** サイドシュートを捕る

》主にねらう能力

難易度 ★★★★☆

【パターン１：近めをあけて近めを捕る】

やり方

わざと近めをあけて、サイドシューターを誘う。近めに打ってきたのにタイミングを合わせて、近めを捕りにいく。いわゆる「カモる」捕り方。

❓ なぜ必要？
シューターを誘い込む捕り方

ただ漠然とサイドシュートを待っていても、やられてしまう。「どこに打たせて、捕りにいくか」を考えることで、的が絞りやすくなり、阻止率が向上する。わざとシュートコースをあけて待っていると、シューターは「打っていいのかな？」と疑心暗鬼になる。それだけでも心理的にかなり違ってくるはずだ。

【パターン2：近めをつぶして遠めを捕る】

やり方

近めのバーの近くに立って、近めをつぶす。バーとの距離は、ボール1個分ぐらい。近めを打てないから、シューターは遠めをねらってくる。それを見越して、GKはダイナミックに遠めに飛びつく。

Extra
体に当ててもらう捕り方もある

ここでは誘う捕り方を紹介したが、動かずにいる捕り方もある。特に体の大きいGKは視覚的に邪魔になるので、近めに立っているだけで、相手が体に当ててくれる。大きいGKは、最初は動かずに構えて、相手が決めてくるようなら、誘う捕り方に切り替えればいい。

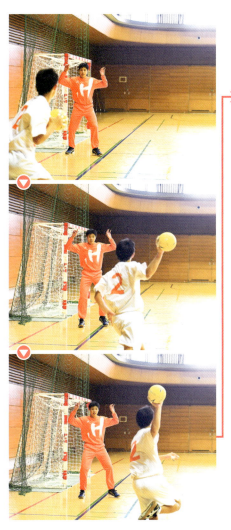

【パターン３：前に出てループを捕る】

やり方

最初はゴールに近いところに立って構える。サイドがシュートモーションに入ろうとするタイミングで、GKは思い切り前に詰める。ループシュートを叩き落とす。

ワンポイントアドバイス

どこまで前に出られるか

前に詰めすぎると、簡単にループでかわされてしまう。だから前に出てから戻る駆け引きを覚えておきたい。どこまで出れば、落ちてくるループにも対応できるかは、人によって異なる。練習で何度も試して「ここまでなら戻れる」という距離感をつかんでおきたい。

【パターン4：出るふりをして下がって遠めを捕る】

やり方

通常の位置から、前に詰める。途中で詰めるのをやめて、下がる。ループでかわそうと思っていたサイドシューターは、この動きに惑わされる。遠めに切り替えてきたシュートに下がって対応する。

❗ ポイント
ストーリー性のある捕り方

出てから戻る捕り方は、前に詰めてセーブした後に使うと、より効果的。「前に詰めてくるから、次はループでかわそう」というシューター心理を利用して、詰めると見せかけて下がる。ループをねらえなくなったサイドシューターは、苦し紛れに遠めに打ってくる。そこを抑えれば、GKが完全に主導権を握れる。

ゴールキーパー
駆け引きをしてポストシュートを防ぐ

ねらい

Menu 063 ポストシュートを捕る

≫主にねらう能力

（レーダーチャート：ボールハンドリング／判断力／フットワーク／フィジカル／身のこなし）

難易度 ★★★★☆

【パターン1：近めをあけて近めを捕る】

やり方

ポストが正面よりずれた位置にいるときは、サイドシュートの駆け引きを応用する。ここでは近めをあけて、近めに誘っている。近めに打ってきたのにタイミングを合わせて、全力で飛び込む。

？ なぜ必要？

高確率なシュートを防いで、一発逆転

　ポストシュートはゴールに最も近く、最も確率の高いシュート。そのまま待っているだけでは、シューターから見てゴールが広く感じられる。シュートコースを限定するために、前に詰めたり、軸足を入れ替えたりして、少しでもシュートを防ぐための仕掛けをしたい。仕掛けることで、次の一手を考えられる。

【パターン2：正面に詰める】

やり方

ポストが正面にいる場合は、シュートコースがかなり広い。前に詰めることで、シュートコースを消していく。ポストがGKから目を切ったタイミングで、思い切り前に詰める。シュートコースを消されたポストは、GKにぶつけるか、枠外に打つしかなくなる。

　ワンポイントアドバイス

ポストが目を切った瞬間に詰める

ポストがパスをキャッチしてからシュート体勢に入るまでに、いったんGKから目を切ることが多い。相手が目を切った瞬間が、大胆に前に詰めるタイミング。「振り返ったら、目の前にいた」ような状態をつくれば、ポストも慌てて打たざるをえない。パニックシュートを体に当てさせたら、GKの勝ちだ。

【パターン3：軸足の入れ替え】

やり方

左足を上げて、（GKから見て）左側の面を大きくして構える。シューターは軸足（この場合は右足）側をねらってくる。右足側に打ってくるのを見越して、GKは軸足を入れ替え、右足を上げてセーブする。

なぜ必要？

シューターは軸足側をねらってくる

ポストに限らず、シューターは足の上がっていないほう（＝軸足側）をねらってくる。軸足は自由に動かしにくいからだが、軸足を入れ替えることができれば、シューターの習性を逆に利用できる。軸足の入れ替えはポストシュートだけでなく、7mスローの駆け引きでも重宝する。

【パターン4：ループシュートを止める】

やり方

ポストがシュート体勢に入ろうとするタイミングで、GKは前に詰める。ポストがループシュートをねらっても叩き落とせるくらい、間合いを詰める。

サイドシュートのときと同じ駆け引き

考え方はサイドシュートのときと同じ。思い切り前に詰めるか、詰めるふりをして下がるか、この2つの選択肢が駆け引きの軸になる。ここでも、一度前に詰めてポストシュートをセーブしておけば、駆け引きで優位に立てる。詰めると見せかけて戻る捕り方を、試合終盤の大事な場面まで温存しておくのも面白い。

ゴールキーパー
駆け引きをして ロングシュートを防ぐ

Menu 064 ロングシュートを捕る

≫主にねらう能力

難易度 ★★★★☆

【パターン1：利き手側から出てきた上のシュートを捕る】

やり方

シューターはDFから右（利き手側）にずれて、流しの上をねらう。DFの陰から出てきたシュートに、GKは反応する。

？ なぜ必要？

DFと絡みながら捕る

バックプレーヤーのロングシュートは、DFと連携しながら防ぐ。DFがシュートコースの半分を消して、残りをGKが受け持つ役割分担が基本になる。ここではDFが引っ張り（画面左側）のコースを消して、GKは流し（画面右側）のコースを捕りにいく、最もオーソドックスな形を練習している。

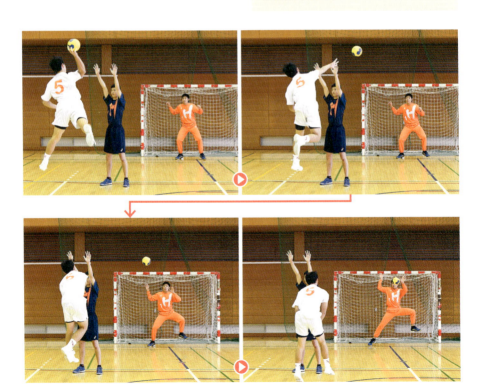

【パターン2：利き手側から出てきた下のシュートを捕る】

やり方

シューターはDFから右（利き手側）にずれて、流しの下をねらう。DFの陰から出てきたシュートに、GKは反応する。下のボールにはスライディングで行ってもいい。

Extra

枝を巻いてくるシュートもある

ここまでは、顔を出したほうに素直に打ってくるシュートだけだが、巧いシューターだと、DFが消している側にも打ってくる。DFの両手（いわゆる枝）を巻いて打つシュート。こういうシュートが打てる選手の場合は、DFの連携を信頼しすぎないことが肝心。約束通り守っていたら、永遠に逆を突かれてしまう。

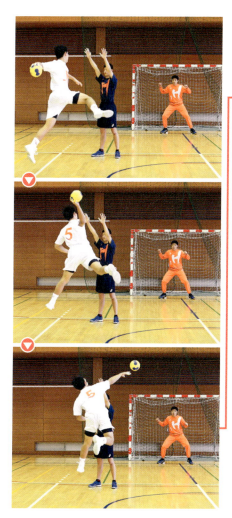

【パターン3：利き手と反対側から打ってきた上のシュートを捕る】

 **なぜ必要？**

ロングは連携して止める

パターン1とは逆のパターン。DFが流し（画面右側）のコースを消して、GKが引っ張り（画面左側）を受け持っている。シュートコースの半分はDFが消しているから、GKは迷いなく残りの半分に飛び込めばいい。

やり方

シューターは左側（利き腕と反対側）にずれて、引っ張り上をねらう。GKはシュートを捕りにいく。

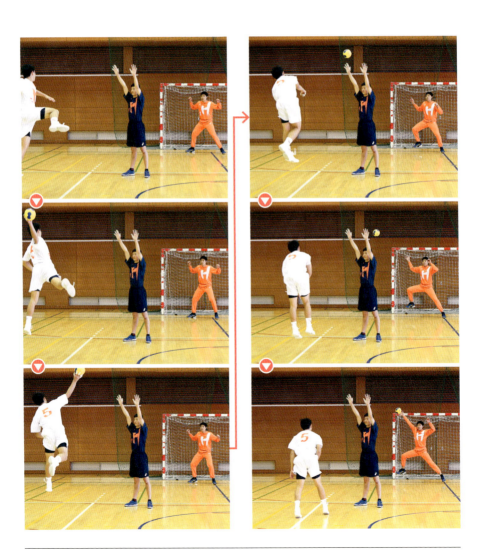

【パターン4：利き手と反対側から打ってきた下のシュートを捕る】

やり方

シューターは左側（利き手と反対側）にずれて、引っ張り下をねらう。GKは捕りにいく。下のボールにはスライディングで行ってもいい。

Extra

反応だけで捕る方法もある

ＤＦとの連携でロングを防ごうとしても、しっくりこないときがある。そういう場合は連携を一切忘れて、来た球に素直に反応する捕り方に徹してみるのもひとつの方法。９ｍ以上離れているから、ＧＫが反応できる時間は十分ある。ボールの来た方向へ近づいていくことで、調子を取り戻すきっかけにもなる。

ゴールキーパー

ねらい 速攻の起点になる

Menu **065** GKのスローイング練習

▶主にねらう能力

難易度 ★★★★☆

やり方

1. 両サイドにOFとDFを1人ずつ配置する。
2. 補助者がボールを転がしたタイミングで、OFは速攻に走る。DFは少し遅れてスタート。
3. ボールを拾ったGKは、左右どちらにチャンスがあるかを見極めて、ロングパスを通す。

❓ なぜ必要？

GKのパスと判断練習

　GKがロングフィードできれば、速攻で6対5の数的優位をつくれる。そのためにはGKのスローイングと、あいている味方を判断する能力が求められる。左右どちらの味方があいているのかを判断して、味方の走る勢いを落とさないパスを出せるよう、普段から練習しておきたい。

❌ ここに注意！

ライナーパスと山なりのパスの使い分け

　OFがDFとずれているときは、ライナーパスで素早くボールをつなぐ。OFめがけて投げるだけでなく、走り込んでくる空間に投げる練習もしておきたい。OFとDFがかぶっていても、前方に山なりのパスを落とせば、速攻に持ち込める。OFの走る勢いを殺さないよう、前の空間に落とすイメージで投げる。

ゴールキーパー

GKの反応を高める

Menu 066 GKノック

▶主にねらう能力

難易度 ★★★☆☆

やり方

1. CPは一列で並ぶ。DFは1人、6mライン付近に立つ。
2. CPは順番にシュートを打つ。
3. 6～8人でワンセットを目安にする。シュートは「右と左」、「上と下」、「右上、左下、左上、右下」など、コースを決めて行う。組み合わせは自由。

❓なぜ必要？

GK練習の基本

基本的なGKの練習。シュートがくるコースはあらかじめわかっているので、四隅に対する形づくりの意味合いが強い。ゴールの四隅に手足を届かせるイメージで、大きく動く。DFを一枚つけることで、シューターの練習にもなる。

👆ワンポイントアドバイス

キーパー練習の重要性

専門に教えられる人が少ないため、GKは練習でほったらかしにされがちだが、強いチームほどGKに練習時間を割いている。GKノックはアップ代わりだけでなく、もっと普段の練習に組み込んでもいい。

ゴールキーパー

リズムよく足を上げて股関節の柔軟性を高める

Menu **067** ポールを使った足上げ練習

≫主にねらう能力

難易度 ★★☆☆☆

やり方

1. ストレッチポールを2列で交互に並べる。幅は約1m。ポールの間隔は約2m。
2. GKは真ん中に立ち、片足を上げて、ストレッチポールをまたいでいく。キーピングの姿勢を崩さないこと。
3. 右足でまたいだら、今度は反対側のストレッチポールを左足でまたぐ。
4. 交互に足を上げながら、リズムよく前進していく。

なぜ必要?

股関節の柔軟性を高める

GKに求められる要素のひとつに、股関節の柔らかさがある。股関節が柔らかければ、足を高く上げることができるし、スライディングもスムーズになる。足が上がれば、面も大きくなるし、腰横などのボールにも反応しやすくなる。リズムよく足を上げ下ろしする動きは、軸足の入れ替えにも応用できる。

ゴールキーパー

ねらい コーナーへの動きづくり

Menu 068 ゴールポストにタッチ

» 主にねらう能力

難易度 ★★★☆☆

やり方

1. GKはゴールの真ん中に立ち、ゴールに向かう。
2. ゴールの右上にタッチする。元に戻ったら、今度は左上にタッチ、元に戻って右下、元に戻って左下にタッチする。できるだけ早く、リズミカルに繰り返す。

? なぜ必要?

ゴールの四隅に届くようにする

GKは枠の外まで捕る必要はない。ゴールの高さ2m×横3mの枠内さえ捕れれば十分。ゴールの四隅がどれくらいの距離にあるのか、練習から感覚をつかんでおく。1人でもできる練習なので、時間があいたときなどに簡単にできる。触る順番を「右上ー左下ー左上ー右下」など、自由に変えてもいい。

ワンポイントアドバイス

肩甲骨から腕を伸ばす

肩から先だけで腕を伸ばしても、遠くに届かない。肩甲骨をスライドさせるように動かして、肩甲骨から腕を伸ばしていけば、より遠くまで手が届くようになる。この意識の違いで、5cmぐらいは違ってくる。「腕が背骨からくっついている」イメージを持てば、肩甲骨を動かしやすくなる。

ゴールキーパー

GKの反応を鍛える

Menu **069** 2人一組のGK練習

》主にねらう能力

難易度 ★★★☆☆

やり方

1. 補助者に至近距離からボールをトスしてもらい、GKはそれを片手で捕る。
2. 捕球したら、補助者に返し、元の姿勢に戻る。
3. 補助者のトスしたボールを捕る。
4. トスのコースは順番を決めてもいいし、ランダムにしてもいい。

なぜ必要？

反応を高める

試合前のアップにも使えるメニュー。GK同士でいつでもやれる。ゴールの四隅に対して素直に反応できるよう、リラックスして構える。たとえ捕れなくても、ボールに近づいていけば、捕れる可能性は高まる。よくないのは、早動きして、逆に行くこと。試合の中でも「ボールに近づく」意識を大切にしたい。

Extra

バリエーションは無数にある

補助者に背中を向けて構えて、そこから振り向いて捕球するバリエーションもある。ボールからわざと目を切っておいて、そこから短時間で反応する。同様に、床にマットを敷いて、前転してから捕球するやり方もある。体力トレーニングと組み合わせるなど、バリエーションは各自で工夫してほしい。

第6章
ディフェンス

ディフェンスは努力と心がけ次第で、必ず上達する。
また、理屈を超越したプレーが生まれやすいのが、ディフェンスの面白さ。
1人のスーパープレーが全員の心に火をつけて、
試合の流れを大きく変えたりもするのだ。

ディフェンスの基本

ディフェンスに必要なステップワークを身につける

ねらい

Menu 070 ステップワーク10種類

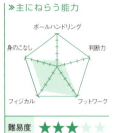

» 主にねらう能力

難易度 ★★★☆☆

❓ なぜ必要？

フットワークは反復練習

練習はなるべく論理的に組み立てていくが、ディフェンスのフットワークだけは別物。理屈どうこうではなく、体で覚えるまで反復練習を繰り返すしかない。歯を磨くように、ステップワークが当たり前に身について、そこから初めて相手との駆け引きができる。無意識で出せるよう、数をこなすことが大切。

【①基本姿勢を保ったまま前に詰める】

やり方

1. 片方の足を前に出して、ディフェンスの基本姿勢をつくる。両手を上げて、重心は少し落として力が入るようにする。
2. 後ろの足を踏み出して、前に出る。このときに上体はなるべく起こしたままで、ディフェンスの基本姿勢を崩さない。
3. もう1歩前に出て、ライン際にいたときと同じ体勢をつくる。

【②細かいステップも使いこなす】

やり方

1. 片方の足を前に出して構える。DFの基本姿勢からスタートしたほうがなおよい。
2. 小刻みに足を出して、3歩前に進む。
3. 前に出たら、ディフェンスの基本姿勢をつくる。

【③クロスステップを覚える（V字）】

やり方

1. ディフェンスの基本姿勢で、6mラインからスタート。V字の先端へ向かって、クロスステップで進む。
2. 9mライン付近にきたら、後ろの足（この場合は左足）を軸にターンして、クロスステップで元に戻る。
3. 元の地点に戻ったら、V字の別の先端へ向かってクロスステップ。
4. 9mラインまで行ったらターンして戻る。

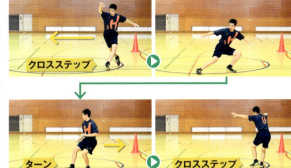

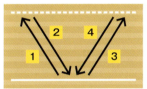

⚠ ポイント

クロスステップで大きく移動する

クロスステップは大きく動きたいときに使う。目線が上下しやすいデメリットはあるが、相手を観察することよりも速く移動することを優先したいときに役立つ。それでも練習ではなるべく上体を起こして、ディフェンスの姿勢が崩れないよう意識すること。

【④クロスステップを覚える（三角）】

やり方

1. ディフェンスの基本姿勢で、6mラインからスタート。クロスステップで、9mライン付近まで行く。三角形の頂点を目指して、斜めに移動。
2. 9mラインまで来たら後ろの足（この場合は左足）を軸にターンして、クロスステップで反対側の頂点に戻る。
3. 6mラインに戻ったら、ターンしてまたクロスステップ。
4. ターンしてスタート地点にクロスステップで戻ってくる。

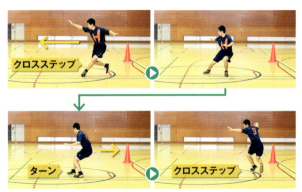

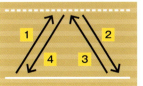

⚠ ポイント

方向転換で目を切らない

ターンするときに注意したいのが、常に相手から目を切らないこと。相手を見ながら方向転換するために、後ろの足が軸になってターンする。クロスステップは相手の観察よりも移動距離を重視するステップだが、相手から目を離さない大原則を忘れてはならない。

【⑤クロスステップから体を入れ替える】

やり方

1. 動き方はステップワーク④と同じ三角形だが、一部で体の向きが異なる。
2. 6mラインからスタートし、9mラインまで行く途中で体の向きを変える。最初の1歩はクロスステップ。その後は細かいステップ。クロスステップをしたときに、体の向きを三角形の外から内に入れ替える。
3. 9mラインに到達したら、6mラインの方向へ移動。最初の1歩はクロスステップで、その後は細かいステップで。体の向きはそのまま、三角形の外を向いている。

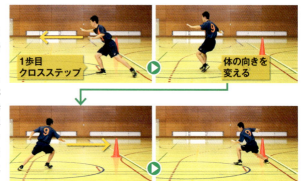

⚠ ポイント

全力で隣のフォロー

ここでは正面にいる相手から目を切るような動きになっているが、目の前の相手を捨ててでも、隣のOFを守らないといけない場合をイメージしている。急な方向転換と、クロスステップと細かいステップを複合させて、隣のフォローに行くイメージの動きになる。

【⑥サイドステップを覚える(ツーステップ)】

やり方

1. 左足で7mスローラインを踏んで、サイドラインに正対するように構える。
2. サイドステップで9mラインまで移動。その際、進行方向の足(この場合は右足)が必ず最初の一歩となるように。サイドステップ2歩で、9mラインに到達する。
3. 9mラインに右足がついたら、サイドステップで7mラインまで戻る。戻りもサイドステップ2歩で。これを繰り返す。

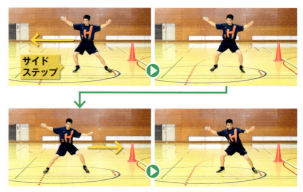

⚠ ポイント

相手から目を切らずに動く基本

サイドステップは目線の上下動が少なく、常に相手を見ながら移動できる。相手をタイトにマークしたいときの基本のフットワークである。サイドステップをしているときもなるべくディフェンスの基本姿勢を崩さないように。

【⑦サイドステップを覚える（スリーステップ）】

やり方

1. 左足で6mラインを踏んで、サイドラインに正対するように構える。
2. サイドステップで9mラインまで移動。サイドステップ3歩で、9mラインまで行く。
3. 右足で9mラインを踏んだら、サイドステップ3歩で6mラインまで戻る。これを繰り返す。

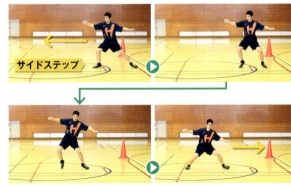

サイドステップ

ポイント
サイドステップのバリエーション

ツーかスリーかの違いはあるが、サイドステップの練習に変わりはない。いろいろなリズムを体に落とし込むための練習。3歩よりも遠くなると、サイドステップで行くより、クロスステップで行ったほうが速く行ける。サイドステップでついて行ける限界は、3歩がひとつの目安になる。

【⑧大小のクロスステップを使い分ける】

やり方

1. 6mラインを左足で踏んだ状態からスタート。サイドライン方向に相手がいるイメージで動く。
2. 最初は大きなクロスステップで1歩。その後は細かいクロスステップ。
3. 右足が9mラインに到達したら、6mラインに戻る。大きいクロスステップで1歩踏み出した後は、細かいクロスステップで。何度も往復する。

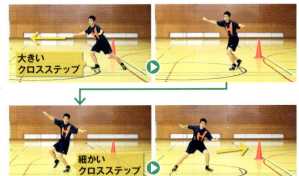

大きいクロスステップ

細かいクロスステップ

ポイント
大小のクロスステップの融合

足の運びにバリエーションをつける。クロスステップでは後ろの足（最初の場合は左足）が、前の足（右足）を前から追い越していく。大きく移動するために使いたいステップだが、小さいクロスステップも覚えておこう。いろいろな足捌きができれば、相手のいろいろな動きにも対応できる。

【⑨複合した動きのドリルA】

> やり方

1. 6mラインからスタート。9mラインへサイドステップで向かう。
2. 9mラインに到達したら、クロスステップで戻る。

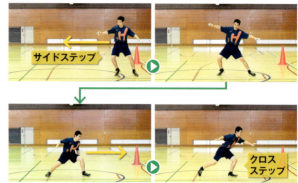

> ! ポイント

複合したステップワーク

いろいろなステップを組み合わせることで、できる動きの幅を広げていこう。頭で考えて動くのではなく、実戦のなかで無意識に動けるようになるといいだろう。ただし、練習では正しい動きを意識して行う。

【⑩複合した動きのドリルB】

> やり方

1. 6mラインからスタート。9mラインへクロスステップで向かう。
2. 9mラインに到達したら、サイドステップで戻る。

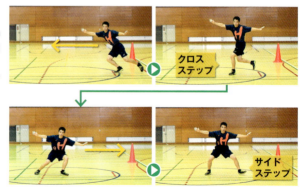

> ! ポイント

組み合わせは無限にある

⑨とは逆の組み合わせ。ステップワークの組み合わせは無数にあるので、選手が飽きないように、いろいろなメニューを考える。慣れないチームが急にフットワーク練習をやると、足の裏がむける恐れがあるので、普段からしっかりと取り組んでおきたい。

ディフェンスの基本

ディフェンスの基本姿勢とコンタクトを身につける

ねらい

Menu 071 1対1を止める

≫主にねらう能力

難易度 ★★★☆☆

やり方

1. オフェンスとディフェンスは3mぐらい離れたところからスタート。
2. ディフェンスは体の正面で相手に当たり、相手の利き腕を潰す。
3. コンタクトしたら、相手の利き腕と体をホールドして、プレーが続けられないようにする。

❓ なぜ必要？

フリースローを取る

　正当な身体接触で相手の攻撃を止めたら、フリースローで仕切り直しになる。フリースローは海外では「ゲームストップ」とも呼ばれ、フリースローをたくさん取るほど、相手の攻撃を分断できる。相手に気持ちよくパス回しさせないためにも、1対1でしっかり当たって止める技術を身につけておきたい。

👆 ワンポイントアドバイス

ディフェンスの基本姿勢

　両手を上げて、片足を前に出し、重心を少し下げて構える。守りたい側の足を出すのがセオリー。ヒザを曲げて構えるのは、前後左右どちらにも力を最大限に出しやすいように。下半身はスクワットの姿勢と同じと考えていい。シュートコースを消すために、相手とは正対して構える。

143

セットDF

ねらい 1枚目DFの動きを覚える

Menu 072 1人で2人を守る

≫主にねらう能力

難易度 ★★★★☆

やり方

1. 右の1枚目のDFは、左サイドと左バックの両方を見ることになる。センター役のパサーからどちらにパスが来ても守れる位置を取る。
2. パサーが左バックにパスを出すフェイクを入れたので、DFは反応する。
3. パサーが左サイドに飛ばしパスを出したので、DFは戻って左サイドを守りにいく。シュートを打たせないように、両手を上げて圧力をかける。

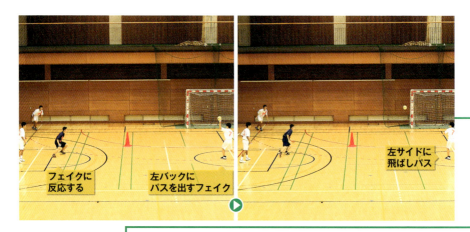

フェイクに反応する / 左バックにパスを出すフェイク / 左サイドに飛ばしパス

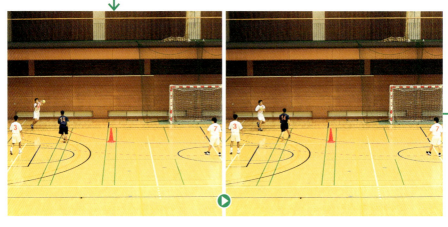

❓ なぜ必要？

セットだけでなく、戻りでも役立つ

　1人で2人を守る感覚はセットDFだけでなく、戻りで1対2になったときにも役立つ。片方だけに張り付いていたら、もう1人が完全にノーマークになる。両方見られる位置にいるから、相手もパスを出し切れない。攻撃に時間をかけさせて、味方のディフェンスラインが整うのを待つ意味合いもある。

❗ ポイント

自分の位置取りを探す

　<mark>練習を通じて、サイドとバックの両方に行ける位置を探す</mark>。練習でいろいろと場所を変えることで「ここなら、両方に行ける」という場所が見つかるはず。これは言葉にできない、個々の感覚でもある。対戦相手の立ち位置によっても違ってくるが、自分にとっての両方を守れる位置をつかんでおこう。

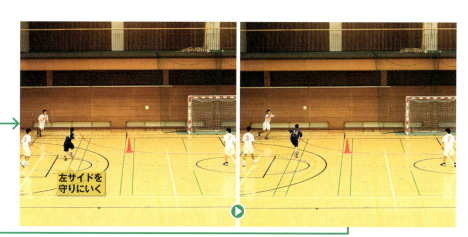

左サイドを守りにいく

両手を上げて圧力をかける

セットDF

自分のマークを捨てでも守る

ねらい

Menu 073 クロスアタック

主にねらう能力

難易度 ★★★★☆

やり方

1. 右の1枚目DFが、左バックと左サイドの両方を見る。
2. パサーはセンターのイメージ。パサーからのパスが100パーセント左バックへ来ると判断したら、思い切って前に詰める。
3. 左バックを捕まえて、フリースローを取る。利き腕をしっかり潰して、次への展開をさせないようにする。

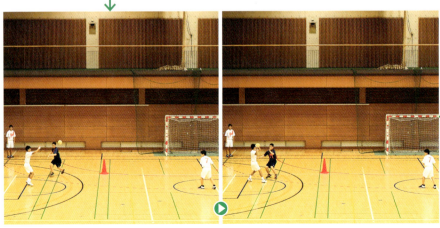

? なぜ必要？

相手の攻撃のリズムを分断する

　自分がマークしているサイドを捨てて、バックの選手に当たりにいくことで、相手が気楽にパス回しできなくなる。<mark>高校生レベルだと、右バックから来たパスを、センターは無造作に左バックに流すことが多い。</mark>相手のセンターの力量を把握して、飛ばしパスがない状況を頭に入れて、迷わずクロスアタックに出る。

✕ ここに注意！

リスクを回避する準備を

　クロスアタックをねらっても、バックからパスをつながれるリスクはある。クロスアタックに出る際は、事前に隣の2枚目に「このタイミングで行きたい」と話して、サイドが余らないようフォローしてもらう。またバックと接触するときには必ず利き腕をつぶして、パスを出されたとしても時間を稼ぐようにしたい。

思い切って前に詰める

利き腕を潰す

セットDF

2枚目DFの運動量を養う

ねらい

Menu **074** 2枚目DFが前に出てから戻る

» 主にねらう能力

難易度 ★★★★☆

やり方

1. 右の2枚目は、左バックとポストの両方を見る。6mライン上に置いたコーンをポストに見立てて、左バックとポストとの両方に間に合う位置を取る。
2. センター役のパサーが左バックにパスを出そうとした。その瞬間に牽制を入れる。
3. 牽制でパスを遅らせた後、ポストを守りに戻る。左バックがパスを持って動き出した時点で、完全にポストを守れている。

❓ なぜ必要？

出っ放しだと、裏のスペースをやられる

2枚目DFは積極的な仕掛けが重要。ただし前に出るだけで戻らないと、裏のスペースをポストに走られてしまう。だから前に出たら必ず戻る習慣をつけておきたい。1枚目DF同様、こちらも1人でバックとポストの2人を守るくらいの意識で動き回る。

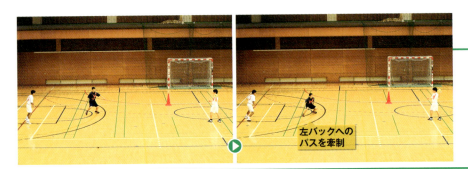

左バックへのパスを牽制

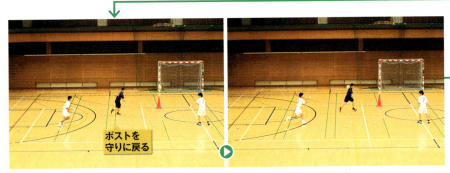

ポストを守りに戻る

ポイント
抜かれても構わない

法政二高では2枚目が11mぐらいまで出て、相手のエースにコンタクトする。高い位置で当たりに行くと、かわされてしまうリスクもあるが、2枚目は抜かれても構わない。その代わり隣の3枚目が必ずフォローする。<mark>高い位置で抜かれる分にはフォローに行く時間があるので、味方が必ずカバーしてくれる。</mark>

Extra
センターの力量を見て、間合いを変える

いつも同じ距離で守っていると、相手も慣れてくる。毎回間合いを変えながら、相手の力量を探りたい。左バックに対して、たとえば2.5mぐらいの距離なら、センターも楽にパスを出す。それを1.5mにしたらどうなるのか。立ち位置を変えてみることで、センターがパスを出してくるギリギリの間合いを測る。

ワンポイントアドバイス
左バックにシュートを打たれないのか？

この練習の最終局面だけを切り取ると、左バックがフリーに打てるように見える。しかしこの練習では、2枚目と3枚目がマークを受け渡している設定だから、そういう心配はいらない。2枚目が左バックに牽制した後ポストを守り、3枚目がポストを見た後に左バックを見ているから、マークは取れている。

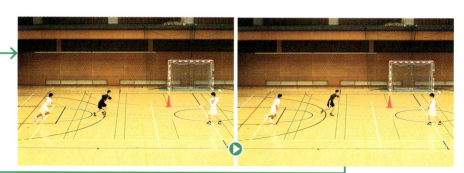

セットDF

ゾーンディフェンスの例外を理解する

Menu 075　2枚目DFがゾーンの外まで追いかける

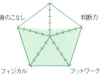

難易度 ★★★★☆

やり方

1. ディフェンスの原則はゾーンで守る。自分のゾーンから外れた選手は、マークの受け渡し（チェンジ）で守る。
2. しかし2枚目が必ず相手を潰せると思ったら、自分のゾーンから出てもいい。その場合はマンツーマンでついていく。

マークの受け渡しでのミスを防ぐ

ゴールから放射線状に6分割し、各ゾーンの中で1対1の状況になるように守る。ただし、ゾーンだけで守っていると、マークの受け渡しで混乱させるために、相手は大きく移動してくる。そういう場合は例外的に、2枚目DFがマンツーマンでゾーンの外まで出て守る。ただし無用な混乱を避けるために、相手を必ず潰せると思ったときだけに限定しておきたい。

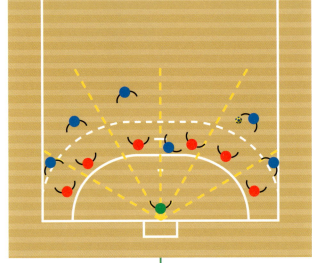

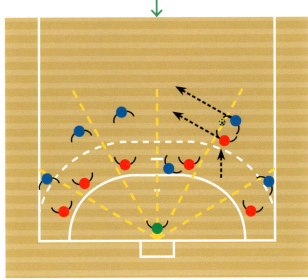

セットDF

クロスアタックに行くタイミングを覚える

ねらい

Menu 076 2枚目DFがセンターへクロスアタック

» 主にねらう能力

難易度 ★★★★☆

やり方

1. 右の2枚目DFを例に考える。パスをもらった右バックがトップスピードで突っ込んでくる。
2. 右バックがスピードに乗ったままパスを出す。この場合、飛ばしパスはほとんど考えられない。右の2枚目DFは迷わずセンターへクロスアタックを仕掛ける。

 なぜ必要？

飛ばしパスの有無を考える

クロスアタックで一番怖いのが、飛ばしパスでかわされること。しかし右バックがトップスピードで突っ込んできた場合、飛ばしパスの可能性はまずない。シュートがないと判断した時点で、2枚目DFは迷わずセンターにクロスアタックを仕掛けて、パスカットをねらいたい。

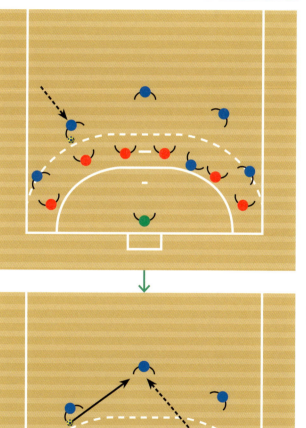

セットDF

3枚目の2人でのマークの受け渡し

Menu 077　チェンジで真ん中の2対2を守る

》主にねらう能力

難易度 ★★★★☆

やり方

1. センターがパサーからパスをもらって、縦の2対2をスタート。
2. ボールに近い側の3枚目DFがセンターを見て、ボールに遠い側の3枚目DFがポストを見る。
3. センターが移動してきたので、DFはマークを受け渡す（チェンジ）。
4. センターが反対側に行っても、ボールに近い側がセンターを守り、ボールから遠い側がポストを見る。ポストパスを通されないよう、前にかぶって守る。

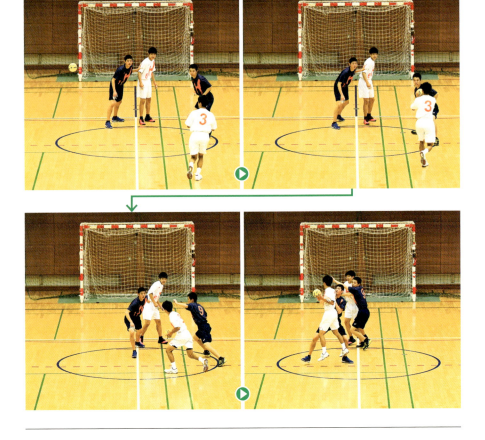

なぜ必要？

センターに圧力をかけたい

真ん中で縦の2対2を守るときは、センターに圧力をかけて、判断力を鈍らせたい。だから真ん中の2枚はマークの受け渡しをしながら、積極的に前に出て、センターを潰しにいく。ポストを前で守ってケアしながら、センターを消耗させれば、真ん中の2対2で崩されることは少なくなる。

ポイント

出るフリをして下がる

最初は前で当たってから下がる動きを繰り返し覚える。慣れてきたら前に出るフリをして下がる駆け引きを混ぜるといい。ボールに近い側が前に出るフリをして下がり、躊躇したセンターが逃げたら、ポストを見ていた側が前に詰めて当たる。プレーが単調にならないよう、いろいろな動きにチャレンジしてほしい。

ここに注意！

チェンジの声は必要？

マークの受け渡しでは「チェンジ」という声がけが常識になっている。しかし声を聞いてから受け渡していると、相手よりも遅れてしまう。「ボールから遠い側がポストを見る」という約束事だけを決めて、あとは阿吽の呼吸で受け渡しをしたほうが、ミスが少ないことが多い。

Extra

GKのポストシュート対策も兼ねて

縦の2対2を守る練習では、GKをつけるとより実戦的になる。このときはポストに「ループシュートなし」の制限をつける。そうすればGKは思い切り前に詰められる。GKがポストに詰めるタイミングを覚えるためにも、繰り返し練習するといい。

戻りのディフェンス

味方が戻る時間を稼いで速攻を防ぐ

Menu **078** 1人で2人を守り、時間を稼ぐ

≫主にねらう能力

難易度 ★★★★☆

やり方

1. フルコートの速攻で、2人を1人で守る。2人の中間ぐらいに位置を取って、どちらにも対応する。コートは左半分だけに区切っておく。
2. 手前の選手にパスが来ても、カットに行ける。
3. 奥にいる選手へのパスには全力で戻って、シュートを打たせないよう圧力をかける。両手を上げてパスをさえぎり、追いついたら捕まえてフリースローを取るのがベスト。

? なぜ必要?

2人の中間に位置を取って簡単に速攻させない

1人で2人を守る場合、片方だけを守っていると、ノーマークのほうに簡単にパスを通されてしまい、相手の攻撃を許してしまう。だから2人の中間に位置を取り、どちらにも対応できるようフットワークで勝負する。特にゴールに近い側を守る場合は、全力で戻ってキャッチミスを誘うようにする。キャッチされてもそこで相手を捕まえれば、その間に味方が戻り、簡単にシュートまで持ち込まれることはない。

! ポイント

セットでの1枚目DFと守り方の理屈は同じ

1人で2人を守る感覚は、Menu072で紹介したセットディフェンスでの1枚目と同じこと。ハーフコートで守るか、このメニューのようにフルコートになるかの違いだけで、やることはまったく同じだ。スペースが広いとそのぶん当然オフェンスが有利になるが、そこはフットワークでカバーして、守れるようにしよう。

戻りのディフェンス

数的不利の時間帯でも速攻を止める

Menu 079　戻りの3対3

≫主にねらう能力

難易度 ★★★★☆

やり方

1. 3対3＋GKでフルコート。手前の紺の選手（A）がシュートを打った想定でボールを転がし、ボールを拾ったGKが味方（白の3人）に速攻のパスを出す。
2. 戻りが1人遅れている状況で、ディフェンスの2人（B、C）は3人を守る。
3. パスが渡った相手を止めてCがフリースローにすれば、味方が戻って3対3にできる。

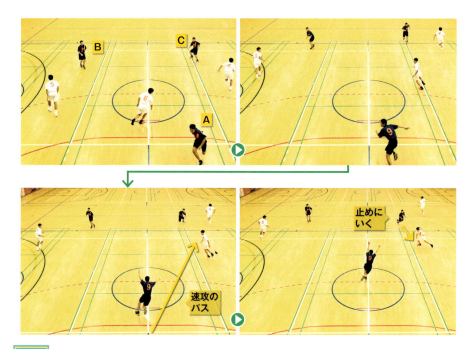

？なぜ必要？

味方の戻る時間をつくる

　速攻をする側は、数的優位の時間内に攻め切ろうとする。守る側は、なんとか時間を稼いで、遅れている味方が戻るのを待ちたい。やることは「1人で2人を守る」ときと同じ。どちらにも対応できる位置を取りながら、パスコースを見てフリースローを取りにいく。

戻りのディフェンス

数的不利の時間をしのぐ

Menu **080** 戻りの6対6

》主にねらう能力

難易度 ★★★★★

やり方

1. 6対6の攻防から、紺の1人がカットインする。シュートを打つ選手はあらかじめ決めておいたほうがいい。
2. GKがシュートを防いで、白が速攻に転じる。紺はシュートを打った選手が遅れているので、5人で6人を守らないといけない。
3. 相手の速攻を潰して、味方の戻りを待つ。

? なぜ必要？

より実戦に近い形で

6対6で、1人がシュートを打って戻りが遅れるのは、よくある形。GKが簡単にパスを出せないように位置を取り、パスが出たらフリースローを取りにいく。速攻を少しでも遅らせるために、5人がそれぞれ「1人で2人を守る」意識で、フルコートをカバーする。

阿部直人の法政二高流ゲームマネジメント術

映像を活用する

■目で見て真似る

　上のカテゴリーの試合を観ると、参考になる点が沢山あります。最近は海外の映像をインターネットで気軽に見られるので、その気になれば世界のトッププレーヤーの技を見て覚えることも可能です。言葉で言われるよりも、目で見て真似るほうが上達も早いですし、何よりも本人のやる気が違います。

　法政二高の選手の中にも、下から打つ逆スピンシュートの構えから、手首を返して浮かしをねらう、という小じゃれたシュートを打つ選手が出てきました。「どこで覚えた？」とたずねると「チームメイトが遊びでやっていたし、海外の映像でカッコよかったから、見よう見真似で覚えました」と言っていました。シュートには「遊び」の要素が必要なので、こういう奇抜なシュートも大歓迎。昔だったら「基本通りやれ！」と怒っていたでしょうけど、今は我々の想像を超えるプレーが出てくるのを楽しみにしています。

　海外の映像などを見ても「うますぎて参考にならない」と思う人もいるかもしれません。でも、一流選手のプレーの中にも必ず真似できるところがあります。一流の選手はやるべきことを徹底しているから、飛び抜けた存在でいるのです。ルーズボールを拾うことであったり、ボールをもらう前後の位置取りであったり、ディフェンスでの足の向きなど、どんな場面でも徹底している姿を見て、感じてください。そしてひとつ

でもいいから真似していけば、プレーが変わってきます。

■ **好プレー集でやる気を引き出す**

自分たちの映像の活用法も、最近は変わってきました。以前は、自分たちがミスした場面ばかりを集めて「これだから、やられたんだぞ」と、注意ばかりしていました。今もそういう確認もしますが、それと同時に、いいプレーだけ集めた「好プレー集」もつくるようになりました。それが選手たちからは好評で、チームで共

有しているカレンダーアプリに入れておくと、視聴回数が伸びていました。いいプレーを観ることで「自分はこれだけできるんだ」「あのプレーをもう一度やりたい」という気持ちになってくれたんだと思います。

　ある種のモチベーションビデオですよね。自分のいいプレーを頭に焼きつける→自信が湧いてくる→チャレンジしようという気持ちになる。人間はぼんやりしていると、自然とネガティブな方向に行ってしまいがちな生き物なので、こちらから意識的にポジティブになれるよう、指導方法も変えてきました。

■脳をポジティブにする

　試合だけでなく、普段の練習からも、脳をポジティブに保つよう心がけてきました。昔だったら「練習だるいよ」みたいな顔をしている選手をひたすら怒鳴って、「お前の人間性が…」と、人間性にまで結びつけて追い込んでいました。でも、尻を叩かれながら嫌々やっても、身につきません。だから今は「せっかくの練習も、そんな精神状態じゃ身につかないぞ。大好きなハンドボールをやっているのに、それじゃ時間がもったいないだろ」と諭して、練習からいい精神状態で取り組めるように導いています。

　ポジティブな状態で覚えたものは、いい形でアウトプットされます。ネガティブな状態で嫌々やらされたことは、うまくアウトプットできません。いい精神状態で練習すれば、反応も早くなって、練習の質も上がっていきます。このあたりは人間の脳の仕組みを勉強したことで、私自身の教え方も大きく変わってきました。

　選手のやる気を5段階評価にしたら、高校三冠を達成した2017年の2月以降は、ほとんどの選手が4か5ぐらいの精神状態で、練習から取り組めていました。少なくとも3以上の状態で、嫌々やっている2以下の選手はいなかったと思います。

第7章
トレーニング

ハンドボールは激しい身体接触のあるスポーツ。
試合中に何度もぶつかるのだから、当たり負けしない体が必要だ。
正しい技術を何度でも正確に再現できる体力があれば、
プレーの精度も高まり、勝利に近づく。

トレーニング

ねらい 全身の連動性を高める

Menu **081** 縄トレ

≫主にねらう能力

難易度 ★★★☆☆

やり方
丈夫な柱に縄をくくる。両足は肩幅より広く保ち、背中を伸ばして、縄の両端を揃えて持って行う。

❓なぜ必要？

全身を連動させる

縄は手先だけで動かそうとしても、きれいに波打たない。==肩甲骨と縄とがつながっているイメージで上下させることで、腕だけではなく、体幹部に効いてくる。==太くて重い縄を使うほど、負荷も大きくなる。

【①上下に交互に動かす】

162

【②縄を左右に波打たせる】

ポイント
胸の開閉がシュートに役立つ

ここでも手先だけで縄を動かすのではなく、肩甲骨から縄が一体になっているようなイメージで動かす。肩甲骨を広げたり閉じたりする動きは、胸の開閉にもつながる。胸を柔らかく使えるようになれば、シュートのときに球持ちがよくなり、GKの逆を突ける。

【③ジャンプしながら上下に波打たせる】

ポイント
背骨のバネでジャンプ力アップ

ジャンプするときには足だけで跳ぶのではなく、背骨を波打たせるイメージでバネのように使う。縄も手先で動かすのではなく、肩甲骨からつながっているイメージで。背骨を反らす力はジャンプの動きそのもの。背骨を折り曲げて、みぞおちから収縮する動きは、シュートのフォロースルーと同じ。最大限に力を出す動きと、力を逃がす動きを交互に繰り返す。

トレーニング

腹筋を中心とした体幹の強化

ねらい

Menu **082** メディシンボール

» 主にねらう能力

難易度 ★★★☆☆

【①V字（正面）】

やり方

2人一組で、1人は床でV字腹筋の状態でバランスを取る。補助者が投げたメディシンボールを、両足を上げたままキャッチ。V字腹筋の体勢を保ちながら、メディシンボールを両手で補助者に投げ返す。

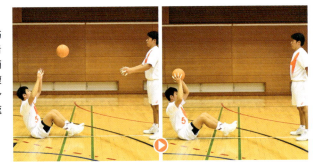

【②V字（横）】

やり方

2人一組で、1人は床でV字腹筋の体勢を取る。補助者が投げたメディシンボールを、体の上あたりでキャッチ。ボールの勢いを吸収するように、脇腹あたりまで持っていく。足やメディシンボールを床につけないように。体のひねりを利用して、メディシンボールを補助者に投げ返す。

? なぜ必要？

当たられても正確なプレーができるように

当たられてバランスを崩しながらでも、きちんとパスやシュートができるように、体幹（特に腹筋）を鍛えておきたい。V字腹筋の体勢は、地面に足がついていないときのイメージに近い。

また、強いボールを無理なく投げるためには、腹斜筋をひねって、ひねり戻す力が大きく影響してくる。体幹部を雑巾のようにねじり、そこから元に戻るように使えると、粘りの利いたシュートフォームになり、GKもタイミングが取りにくくなる。

【③うつ伏せ】

やり方

2人一組で、1人は床にうつ伏せになり、海老反りの体勢をキープする。補助者が投げたメディシンボールを、頭の前あたりでキャッチする。ヒジとヒザを浮かせて、足をなるべく伸ばす。全身の力を使って、メディシンボールを補助者に投げ返す。

【④メディシンジャンプ（開閉）】

やり方

両足を揃えて立ち、メディシンボールを胸のあたりに持つ。ジャンプしながら両足を広げて着地。このときにメディシンボールを真上に持ちあげる。ジャンプして元の体勢に戻る。これをリズムよく繰り返す。

【⑤メディシンジャンプ（ランジ）】

やり方

片足を前に出して腰を落とした、いわゆるランジの体勢で、メディシンボールを頭の上に支える。ジャンプして足を入れ替える。このときにメディシンボールは胸のあたりで持つ。足を入れ替えて着地する。

【⑥ランジ&ツイスト】

やり方

ランジの体勢で、メディシンボールを体の脇に持つ。ジャンプして足を入れ替える。このときにメディシンボールの位置も入れ替える。足を入れ替えて着地する。

トレーニング

腿の強化と股関節の可動域アップ
ねらい

Menu **083** 下半身トレーニング

≫主にねらう能力

(レーダーチャート: ボールハンドリング、判断力、フットワーク、フィジカル、身のこなし)

難易度 ★★★☆☆

【①足を前後で入れ替え】

やり方
両手を床について、片足を前に出す。両手で体を支えながら、足を前後に入れ替える。

❓なぜ必要?

腿裏を鍛える
太腿の表側（大腿四頭筋）は動きにブレーキをかける筋肉。裏側のハムストリングスは、前に進むための筋肉。表と比べて裏は鍛えづらいが、バランスよく鍛えよう。

【②足を横で入れ替え】

やり方
両手を床について、片方の足を体の横に持ってくる。両手で体を支えながら、空中で足を入れ替える。

❓なぜ必要?

股関節から足を動かす
ここでは斜め横に足を引き上げて、股関節を回す動きもミックスさせている。足だけを意識していると、動きが大きくなってしまう。股関節を意識することで、コンパクトでキレのいい動きが生まれる。

第8章
練習計画の立て方

ここまでさまざまな練習メニューを紹介してきた。
法政二高では、どのような計画のもとそれを実践しているのか。
年間スケジュールをベースに紹介していく。

て、6対6でやるチーム戦術も多くなっていきます。それでも、大きな大会が終わったら、もう一度体力強化の時間をつくります。2月のセンバツの関東予選が終わったら、ハンドボールを2時間に体力トレーニング1時間ぐらいの比率で、パワーアップを目指します。それだけやっておけば、3月下旬のセンバツではキレのあるプレーができます。

● 4月以降〜
1、2年生の準備も

インターハイ予選の準備と並行して、新年度からは1、2年生の強化ができるとベストです。新チームになってからいきなりでは、準備が足りません。1、2年生の体力や個人スキルを鍛えたり、1、2年生だけの練習試合を組むなど、下地をつくっておきます。

3年生は6月のインターハイ予選が終わってからも、8月のインターハイまでの1ヶ月間で、再度、体をつくり直します。この時期はハンドボールを2時間に体力トレーニング40分ぐらいの割合で、最後まで体を仕上げてから全国大会に臨みます。

体力づくりは年間を通して

体力づくりは何のためにやるのか。

それは60分間、技術を出せるようにするためです。練習で身につけたスキルやテクニックを、60分間フルに出せるよう、体力を養ってください。正しい技術を覚えたとしても、体力がなければ、精度が落ちていきます。相手に当たられるたびに体力を削られていたら、判断力も鈍ります。

また大事な試合は連戦になります。時には1日に2試合しないといけない場合もあります。そういう厳しい状況でも60分間動き続けて、後半に相手を上回れるだけの体力があれば、結果もおのずとついてきます。シンプルな強さがあれば、プレーの選択もシンプルになります。決して力任せのハンドボールをやるためではありません。自分たちの培ってきた技術を何度も出せるように、また1試合通して正確な判断ができるように、年間通しての体力強化に励んでください。

CONCLUSION
おわりに

　チャレンジすることは、とても大切です。でも子どもはチャレンジを恐れます。なぜチャレンジしたがらないのか？　それは失敗が怖いからです。失敗することで、子どもは大人から叱られます。仲間から冷やかされたりもするでしょう。親も心配するがゆえに「失敗するな」と声をかけます。失敗を恐れるうちに、子どもは自分から何も挑戦しなくなります。

　ノートライ、ノーエラーは無難ですけど、そういう選手はチームには必要ありません。自分から何かにチャレンジする集団にならないと、本当の意味では強くなれません。指導者から尻を叩かれてチャレンジしたとしても、長続きはしないでしょう。自分の内側から湧き上がるモチベーションこそが、チャレンジの原点です。

　子どもが積極的にチャレンジするために、まずやるべきことを整理しました。やることがわからなければ、チャレンジはできません。次にチャレンジして失敗しても、叱らないようにしました。本気でチャレンジしたことを評価し、「次はこうすれば、成功に近づけるぞ」と導く教え方に変えました。と同時に、失敗しても仲間がフォローするようなシステムをつくりました。味方のチャレンジが失敗しても、仲間がフォローして取り返せるのが、団体競技のよさでもあります。

　環境を整えていくうちに、自分からチャレンジする選手が増えてきました。チ

ャレンジする選手の姿を見て、これまで消極的だった選手も、自分からリスクを負って挑戦するようになりました。チャレンジする集団をつくれたことが、結果的に2017年度の高校三冠にもつながったと感じています。

　チャレンジを引き出すためには、指導者は常に学ばなくてはなりません。あらゆる分野にアンテナを張り巡らせて、どういった言葉が子どもたちの心に火をつけるのかを絶えず考える姿勢があって、子どもたちも初めて本気になるのです。また、学べば学ぶほど、アプローチはひとつではないとわかってきます。目標はぶれずに、でもアプローチは柔軟に変えていく──多様化する今の子どもたちに対応するには、それだけの引き出しが必要です。

　ただハンドボールが上手になるだけでなく、ハンドボールという素晴らしい競技を通じて、何事にもチャレンジできるかけがえのない「人財」が増えることを願っています。子どもたちに「チャレンジ」と言い続けてきたのですから、私自身もこれから新しいことにチャレンジしていきます。本書を最後まで読んでいただき、ありがとうございました。

法政大学第二高校ハンドボール部監督
阿部直人

著者&チーム紹介

著者
阿部直人 あべ・なおと

1973年、大阪府出身。現役時代は、県立多摩高校の主将として全国高校総体出場、国民体育大会5位の成績を残し、早稲田大学に進学して主将を務める。卒業後は当時日本リーグ2部所属の三景でプレー。1997年から法政大学第二高校のコーチに就任し、1999年より監督となる。神奈川県屈指の強豪校にチームを育て上げ、全国大会常連校となっている。また、法政大学第二高校での指導と並行して、2011〜14年度 U-16日本代表のコーチ、2015年度は同チームヘッドコーチを務めるなど、育成年代を中心に代表チームスタッフとしても活躍中。

協力
法政大学第二高校 ハンドボール部

1950年に創部。関東大会、神奈川県大会などで数多くの優勝を果たした実績を持つ、全国屈指の強豪校。チームのスローガンは「Challenge」「ALIVE」「Special thanks」。2017年度には、インターハイ、全国選抜大会、国民体育大会の「高校三冠」を達成した。

デザイン／株式会社アクセス
　　　　　有限会社ライトハウス
写真／矢野寿明、久保弘毅
編集／久保弘毅
　　　木村雄大（ライトハウス）

身になる練習法
ハンドボール　法政二高式　総合力アップドリル

2018年3月15日　第1版第1刷発行

著　　者／阿部直人

発 行 人／池田哲雄
発 行 所／株式会社ベースボール・マガジン社
　　　　　〒103-8482
　　　　　東京都中央区日本橋浜町2-61-9 TIE 浜町ビル
　　　　　電話　　03-5643-3930（販売部）
　　　　　　　　　03-5643-3885（出版部）
　　　　　振替　　00180-6-46620
　　　　　http://bbm-japan.com/
印刷・製本／広研印刷株式会社

©Naoto Abe 2018
Printed in Japan
ISBN 978-4-583-11080-6 C2075

＊定価はカバーに表示してあります。
＊本書の文章、写真、図版の無断転載を禁じます。
＊本書を無断で複製する行為（コピー、スキャン、デジタルデータ化など）は、私的使用のための複製など著作権法上の限られた例外を除き、禁じられています。業務上使用する目的で上記行為を行うことは、使用範囲が内部に限られる場合であっても私的使用には該当せず、違法です。また、私的使用に該当する場合であっても、代行業者等の第三者に依頼して上記行為を行うことは違法となります。
＊落丁・乱丁が万一ございましたら、お取り替えいたします。